JULIEN BACKHAUS

EGO

GEWINNER SIND **GUTE** EGOISTEN

JULIEN BACKHAUS

EGO

GEWINNER SIND **GUTE** EGOISTEN

Bibliografische Information der Deutschen Nationalbibliothek
Die Deutsche Nationalbibliothek verzeichnet diese Publikation in der Deutschen Nationalbibliografie. Detaillierte bibliografische Daten sind im Internet über http://dnb.d-nb.de abrufbar.

Für Fragen und Anregungen
info@finanzbuchverlag.de

Originalausgabe, 2. Auflage 2020

© 2020 by FinanzBuch Verlag, ein Imprint der Münchner Verlagsgruppe GmbH
Türkenstraße 89
80799 München
Tel.: 089 651285-0
Fax: 089 652096

Alle Rechte, insbesondere das Recht der Vervielfältigung und Verbreitung sowie der Übersetzung, vorbehalten. Kein Teil des Werkes darf in irgendeiner Form (durch Fotokopie, Mikrofilm oder ein anderes Verfahren) ohne schriftliche Genehmigung des Verlages reproduziert oder unter Verwendung elektronischer Systeme gespeichert, verarbeitet, vervielfältigt oder verbreitet werden.

Redaktion: Stefanie Wewetzer
Korrektorat: Anja Hilgarth
Umschlaggestaltung: Marc-Torben Fischer
Umschlagfoto: Oliver Reetz
Satz: ZeroSoft, Timisoara
Druck: GGP Media GmbH, Pößneck
Printed in Germany

ISBN Print 978-3-95972-302-2
ISBN E-Book (PDF) 978-3-96092-558-3
ISBN E-Book (EPUB, Mobi) 978-3-96092-559-0

Weitere Informationen zum Verlag finden Sie unter

www.finanzbuchverlag.de

Beachten Sie auch unsere weiteren Verlage unter www.m-vg.de

INHALT

EINLEITUNG	7
VOM GUTEN EGO	11
PRINZIPIEN EINES GUTEN EGOISTEN	41
EGOISMUS UND ERFOLG	77
DIE REALITÄT DER EGOISTEN	169
WRAP-UP	187
COACHINGTIPPS VON MICHAEL JAGERSBACHER	189
AUSBLICK	225
LITERATURVERZEICHNIS	227
ANMERKUNGEN	229

EINLEITUNG

Egoismus ist ein Begriff, mit dem selten etwas Positives verbunden wird. Doch wenn man genauer hinschaut, die Beweggründe und Strategien von Egoisten hinterfragt, wird man feststellen: Egoismus ist gut.

Dieses Buch definiert den guten Egoismus als Erfolgsrezept, von dem auch alle anderen Menschen in Ihrem Umfeld profitieren. Ganz nüchtern betrachtet sind Menschen von Natur aus egoistisch motiviert – das beginnt schon als Baby. Der Säugling verlangt instinktiv die Dinge, die er braucht: Nahrung, Wärme, Zuneigung. Im Zuge des Erwachsenwerdens wird dieser natürliche Trieb, Dinge zu verlangen, die wir brauchen, von der Gesellschaft jedoch plötzlich kritisiert. Nun verlangt man von uns, genügsam, leise und gehorsam zu sein. Aus der Freiheit, die wir im Leben genießen sollten, wird Abhängigkeit und Frustration.

Der gute Egoismus pfeift auf derartige Konventionen. Dem guten Egoisten ist in erster Linie eines wichtig: seine Freiheit. Er will die Dinge tun, die er für richtig hält, die ihn glücklich machen und erfüllen. Hinweis: Da Egoismus ein maskulines Substantiv ist, wird in diesem Buch der Egoist als »Er« bezeichnet. Das schließt Frauen wie Männer selbstverständlich gleichermaßen mit ein. Interessanterweise ist die Rückbesinnung auf den guten Egoismus für Frauen schwieriger als für Männer, da von ihnen ein noch verträglicheres Verhalten erwartet wird als von Männern. In dieser Hinsicht kann man also davon sprechen, dass Frauen stärker unterdrückt werden als Männer.

In diesem Buch werden Sie all die Belege dafür finden, dass gute Egoisten die glücklicheren und erfolgreicheren Menschen sind. Und Sie werden auch die Hintergründe erfahren, warum die Gesellschaft nicht will, dass Sie zu dieser Erkenntnis gelangen. Als braves Mitglied der sozialen Gemeinschaft kann man Sie besser ausnutzen, wenn Sie von Ihren individuellen Zielen ablassen und dem Kollektiv zu Diensten sind. Eigentlich stehen Sie vor einer binären Entweder-oder-Entscheidung: Sie können Ihre eigenen Wünsche erfüllen oder die der anderen. In diesem Buch finden Sie die Belege dafür, dass es auf Dauer nicht glücklich macht, nur zu geben. Würden die Märchen stimmen, die man Ihnen über Jahrzehnte erzählt hat, wären die Menschen glücklich, erfolgreich und voller Nächstenliebe. Das Gegenteil ist aber der Fall. Nur ein geringer Teil der Gesellschaft kann diese Attribute für sich beanspruchen – nämlich die guten Egoisten.

In diesem Buch lernen Sie die Strategien kennen, die so unterschiedliche Menschen wie der Dalai Lama, Bill Gates und Karl Lagerfeld genutzt haben, um das Leben in vollen Zügen genießen zu können. Einfluss, Lebensglück und Freiheit vereinen die Menschen, die das Prinzip des guten Egoismus leben.

Einleitung

Erfahren Sie, warum erfolgreiche Menschen egoistisch handeln, wie Sie Ihre Freiheit erlangen und nie wieder erpressbar sind, wie Sie sich im Beruf durchsetzen, eine erfüllte Partnerschaft genießen und wie Sie ein Vermögen aufbauen. Wikipedia bezeichnet einen Egoisten als jemanden, der selbst die Regeln für sein Handeln aufstellt. Genau dies will Ihnen dieses Buch nahelegen. Dass Sie wieder selbst Herr Ihres Lebens und Ihrer Wünsche werden und nicht ständig versuchen, anderen zu gefallen. Sie selbst sind die einzige Konstante in Ihrem Leben. Es wird also Zeit, gut mit sich selbst umzugehen. Der Mittelpunkt der Welt sind tatsächlich Sie.

Ich werde Ihnen Menschen zeigen, die die Welt verändert haben, obwohl sie in erster Linie an sich gedacht haben. Ich werde viele Super-Erfolgreiche zitieren, mit denen ich über diese Dinge gesprochen habe, und ich werde Ihnen auch meine eigenen Erfahrungen erläutern. Mir hat die positiv-egoistische Einstellung geholfen, mein Traumleben zu führen, und zwar Freundschaften sowie glückliche Ehe eingeschlossen. Schluss mit dem Märchen vom Egoisten als arrogantem Tyrannen: Gewinner sind gute Egoisten.

Dieses Buch soll Ihnen aber nicht nur die Belege aufzeigen, warum es besser ist, ein guter Egoist zu sein. Es soll Ihnen auch helfen, die richtigen Schritte in Richtung Erfolg zu gehen. Dazu habe ich meinen guten Freund Michael Jagersbacher gebeten, am Ende des Buches konkrete Tipps anzubieten. Er ist einer der gefragtesten Coaches in Österreich und zugleich der Experte für die Medien, wenn es um Persönlichkeitsentwicklung geht. Zusammen mit großen Bildungsträgern hat er bereits Tausende darin unterrichtet, wie man erfolgreich Strategien in den eigenen Alltag übernimmt. Darum ist er auch der Beste, es Ihnen zu erklären.

Ich wünsche Ihnen Freude beim Lesen dieses Buches und viel Erfolg auf dem Weg zum guten Egoisten.

Ihr Julien Backhaus

VOM GUTEN EGO

Sehr häufig in unserem Leben benutzen wir Worte, deren eigentliche Bedeutung wir gar nicht kennen. Vieles in unserem Sprachgebrauch resultiert aus gesellschaftlichen Konventionen. Doch hat die Gesellschaft immer recht? Mit dem Wort Egoismus und seinem Wortstamm »Ego« wird gewöhnlich etwas Negatives in Verbindung gebracht. Sehen wir uns jedoch an, was das alles zu bedeuten hat, bevor das eigentliche Plädoyer für den Egoismus beginnt.

WOHER KOMMT DAS WORT »EGO« UND WAS BEDEUTET ES EIGENTLICH?

Natürlich stammt es aus dem Lateinischen und bedeutet »Ich«. Nicht mehr und nicht weniger. Dieses »Ich« ist der Ausgangspunkt all Ihrer Erlebnisse auf diesem Planeten. Weder gut noch schlecht. Es ist einfach. Es bildet schlicht und einfach das Zentrum Ihres Lebens. Es grenzt Sie von Ihrem Umfeld ab. So weit, so gut.

So einfach ist es schlussendlich dann doch nicht. Wir Menschen haben die Tendenz, dass wir Dinge interpretieren, analysieren und bewerten. So auch dieses »Ich« und seine Handlungen.

Dies beginnt natürlich bereits im Kleinkindalter. Ab dem zweiten Lebensjahr realisiert das Kind, dass es ein eigenständiges Wesen ist und somit getrennt von Vater und Mutter existiert. Es legt Handlungen und Gefühlsäußerungen an den Tag, die von den Eltern als gut oder schlecht bewertet werden. Man nennt dies Erziehung. Bereits zu diesem Zeitpunkt fließen Bewertungen in die Kommunikation und in den Umgang mit dem Kind ein, die eine Bewertung des Egos mit sich tragen.

Interessant und folgenreich ist die Bewertung dieses »Ich«. Richtig problematisch wird es jedoch erst mit den zahlreichen Synonymen, die daraus abgeleitet werden. Sehen wir uns nur ein paar davon an:

- Eigenliebe
- Eigennutz
- Eigensucht
- Ichbezogenheit
- Narzissmus
- Selbstbesessenheit
- Selbstbezogenheit
- Selbstliebe
- Selbstsucht
- Selbstverliebtheit
- Egozentrik

Natürlich könnten wir die Liste noch erweitern. Wenn Sie diese Aufzählung durchgehen, werden Sie bei den einzelnen Begriffen unterschiedliche Assoziationen haben.

Während Eigenliebe durchaus ein Wert ist, der wenig Ressentiments Ihrerseits hervorrufen dürfte, sieht es bei Selbstverliebtheit oder Selbstsucht schon wieder ganz anders aus. Selbstsucht ist in unserer Gesellschaft sehr negativ konnotiert. Viel besser und sozialer wäre es, diese Selbstsucht nicht auszuüben, sondern sich um andere zu kümmern.

All diese Zuschreibungen beziehungsweise Bewertungen geschehen, wie schon erwähnt, ab unserem zweiten Lebensjahr. Zu diesem Zeitpunkt kommt es im Gehirn des kleinen Erden-Neulings zur kognitiven Trennung des Ich von der Umgebung. Ab diesem Zeitpunkt wird der Knirps dazu angehalten, sich selbst nicht so wichtig zu nehmen und sich verstärkt um die Bedürfnisse der Umwelt zu kümmern. Kein Wunder also, dass sich Menschen nicht zuerst um sich selbst, sondern um andere kümmern. Dieser Altruismus erntet einfach viel mehr Lob und Anerkennung als der Egoismus. Die langfristigen Folgen dieser Ich-Verdrängung sind jedoch verheerend, wie wir noch sehen werden.

Und genau hier liegt das Problem am Begriff »Egoismus« – es werden einfach zu viele Bedeutungen in einen Topf geworfen und dann falsche Schlussfolgerungen daraus gezogen. Schon der berühmte Oscar Wilde warnte: »Egoismus besteht nicht darin, dass man sein Leben nach seinen Wünschen lebt, sondern darin, dass man von anderen verlangt, dass sie so leben, wie man es erwünscht.«

Vom deutschen Philosophen Arthur Schopenhauer stammt die Feststellung: »Egoismus ist der Drang zum Dasein und Wohlsein!« Weshalb das eigene Wohlsein jedoch immer mit dem gleichzeitigen Unwohlsein von anderen

Menschen einhergehen muss, hat bis dato noch niemand plausibel erklären können. Wahrscheinlich deshalb, weil es einfach eine unhaltbare und nicht hinterfragte Vorannahme unserer Gesellschaft ist, die verheerende Auswirkungen auf das Individuum hat.

Die Autorin Ayn Rand bringt den Missbrauch des Begriffs exzellent auf den Punkt: »Im allgemeinen Sprachgebrauch ist das Wort ›Egoismus‹ ein Synonym für das Böse; es beschwört das Bild eines blutrünstigen Unmenschen herauf, der über Leichen geht, um sein Ziel zu erreichen – eines Untiers, das sich um kein Lebewesen schert und nur die Befriedigung der eigenen hirnlosen momentanen Launen im Sinn hat. Doch die exakte Bedeutung und Definition des Wortes ›Egoismus‹ lautet: ›Beschäftigung mit den eigenen Interessen‹«.[1]

Aus diesen Vorannahmen ergeben sich dann völlig irrige Theorien, dass man das eigene »Ich« nicht so ernst oder wichtig nehmen darf. Manchmal denkt man sogar, wir sollten uns schämen, wenn wir unsere eigenen Bedürfnisse befriedigen. Lieber solle man ausschließlich die Bedürfnisse anderer befriedigen. Dann scheint man nach gesellschaftlicher und religiöser Auffassung auch ein guter Mensch zu sein. Das ist ein fataler Trugschluss, der in ein unglückliches Leben voller Abhängigkeiten führt. Bei vielen Menschen endet dies im Krankheitsbild der Depression.

Lassen Sie mich eines gleich vorwegnehmen: Lebensglück und Erfolg sind ganz eng an Freiheit und Unabhängigkeit gekoppelt. Dies beginnt natürlich zuallererst bei der geistigen Unabhängigkeit, die im weiteren Verlauf zu finanzieller und spiritueller Freiheit führt.

Ich möchte in diesem Buch zeigen, wie Sie diese Freiheiten erlangen können. Nämlich, indem Sie lernen, sich und Ihre Wünsche wieder ernst zu nehmen. Und dies ist gar nicht so einfach, wie man meint, schließlich stellen Sie sich damit gegen eine tradierte Sichtweise, die Sie buchstäblich mit der Muttermilch aufgesaugt haben.

AUF DEM WEG ZUM EGOISTEN

Wir können es drehen und wenden, wie wir wollen, wir sind alle Produkte unserer Erziehung und gesellschaftlicher Konventionen, die mehrere Jahrzehnte massiven Einfluss auf uns ausgeübt haben. Eine Umstellung von heute auf morgen wird nicht funktionieren, zumindest nicht in einer alles umgreifenden und durchdringenden Radikalität. Beginnen Sie einfach mit ganz kleinen Schritten, Situationen, in denen Sie sich wichtiger als andere nehmen. Überfordern Sie sich nicht. Es wird zu inneren und äußeren Widerständen kommen, seien Sie sich dessen bewusst. Sie werden einen Preis zahlen müssen für Ihre Freiheit.

Was Sie Ihr ganzes Leben lang gelernt und praktiziert haben, können Sie nicht innerhalb weniger Tage wieder verlernen. Seien Sie behutsam mit sich. Doch das wird Ihnen im Coachingteil von Michael Jagersbacher nähergebracht.

Merken Sie sich Folgendes: Sie sind die wichtigste Person in Ihrem Leben, vergessen Sie dies niemals, selbst, wenn uns anderes eingeredet wird. Sie und Ihre Wünsche haben Vorrang, denn es ist Ihr Leben und nicht das der anderen.

Obgleich dies so ist, scheint es in der Gesellschaft geradezu ein Tabu zu sein, sich selbst wichtig zu nehmen. Team hier, Kompromiss da. »Cui bono?« – Wem nützt es? –, müssen wir uns an dieser Stelle fragen.

Dieses Buch möchte Sie auf der Reise zu sich selbst begleiten. Es ist die wohl spannendste aller Reisen. In Zeiten, wo der Teamgedanke ständig hochgehalten und Individualismus tendenziell geächtet wird, ist dieser Trip wichtiger denn je. Ein exzellentes Team ist nur durch exzellente Individualisten exzellent.

Ich werde zahlreiche Beispiele von berühmten Persönlichkeiten und aus meinen eigenen Erfahrungen bringen, um die Thesen zu untermauern und Sie auf »Egoismus« zu trimmen. Vielleicht werden manche Aussagen Sie auf die Palme oder aus dem Tritt bringen. Gut so, dann haben Sie den ersten Schritt Ihrer Reise hinter sich gebracht. Viel Freude bei allen Weiteren.

Weshalb hat der Egoismus einen schweren Stand? Einerseits deshalb, weil der Begriff »falsch« verwendet wird, andererseits deshalb, weil man egoistische und selbstbewusste Menschen schwieriger steuern kann als Menschen, die sich stets nach anderen richten und sich mit ihrer Meinung zurückhalten.

Irgendwann haben Menschen mit Machtanspruch einen Weg gesucht, andere Menschen zu unterwerfen und gefügig zu machen. Sie haben das Gerücht gestreut, Egoismus sei eine Todsünde. Man darf nicht mehr zuerst an sich selbst denken, sondern erst mal an andere. Wir wollen und sollen verdrängen, dass wir von Natur aus eigennützig handeln.

Diese Philosophie hat man damals den Untertanen – dem Volk – eingeredet, damit man sie besser beeinflussen und an der Nase herumführen kann. Man muss zugeben, dass diese Art der Gehirnwäsche über Jahrhunderte prima funktioniert hat. Das schlechte Gewissen nimmt hier die Kontrollfunktion ein.

Solch eine Denk- und Handlungsweise hat natürlich immense Vorteile für die herrschende Klasse. Durch diese Aufweichung der individuellen Ziele der Menschen gab es weniger Konkurrenz für die herrschende Elite.

Zudem konnte sie den Menschen bei jeder Zuwiderhandlung gegen die Nächstenliebe ein schlechtes Gewissen einreden. Es gibt kein besseres Führungsinstrument als das schlechte Gewissen. Die Kirche machte daraus sogar ein Geschäft. Weltmarktführer ist die Katholische Kirche mit einem geschätzten Vermögen von 200 Milliarden Euro.[2]

Man muss Menschen nur lange genug eintrichtern, dass etwas der Fall ist, dann glauben sie auch daran. Handeln sie dann in einer Art und Weise, die dieser künstlichen Norm nicht entspricht, hat man das schlechte Gewissen und die soziale Ächtung als Maßnahmen, die eine Wiederholung des unerwünschten Verhaltens unwahrscheinlich machen.

Dass dieses Gerücht, Egoismus sei schlecht, ein Selbstläufer wurde und sich bis heute hält, hätten wahrscheinlich nicht mal seine Erfinder zu glauben gewagt. Diese Philosophie hat sich sogar schon im kapitalistischen Wirtschaftssystem ausgebreitet.

In beinahe jeder Stellenausschreibung wird die Teamfähigkeit als eine der wichtigsten Eigenschaften ausgewiesen, die man mitbringen sollte, um den begehrten Job zu ergattern. Die deutsche Band Deichkind hat dies sehr anschaulich in ihrem Song »Bück dich hoch!« zum Ausdruck gebracht: »Pass dich an, du bist nichts, glaub ans Team!« Anpassung ist das Gebot der Stunde, um in jeglicher Konzernhierarchie nach oben zu klettern.

IST EGO PER SE SCHLECHT?

Wenn Sie dachten, Ego wäre etwas Schlechtes, dann leiden Sie unter einer massiven Persönlichkeitsstörung. Denn Ego bezeichnet nichts anderes als Ihr »Ich«, wie wir bereits festgestellt haben. Also Ihre Persönlichkeit. Wenn Sie keine haben, sind Sie per definitionem nicht gesund.

Viel wahrscheinlicher als die Abwesenheit Ihrer Persönlichkeit ist, dass man Ihnen den Begriff als etwas Negatives verkauft hat. Und zwar über Jahrzehnte. Denn je häufiger wir etwas hören, desto glaubhafter erscheint es uns.

Der Mensch lernt durch Wiederholung und Nachahmung. Wenn wir alles jedoch gleich machen wie alle anderen (Sozialisation), dann ist es wenig verwunderlich, wenn das »Ich« darunter leidet und als tendenziell nicht so wichtig erachtet wird. In einer Extremausprägung wird es sogar als »schlecht« interpretiert, weil es den Bedürfnissen der Gesellschaft zu widersprechen scheint.

In der Erziehung und in der Schule wird penibel darauf geachtet, dass aus Kindern »angenehme« Mitmenschen werden. Doch was heißt es eigentlich, ein angenehmer Mensch zu sein? Landläufig wird es so interpretiert, dass man die eigenen Wünsche und Bedürfnisse zugunsten anderer aufgibt.

Es bedeutet auch, nicht (auf) sich selbst zu achten. Jedes Zuwiderhandeln soll Scham auslösen und die eigenen, egoistischen Gefühle sollen mit allen Mitteln verdrängt werden. Wir sollen uns, unter allen Umständen, in den Dienst der Gesellschaft stellen und dabei unser »Ich« aufgeben.

WAS EIN EGOIST NICHT IST

Gute Egoisten sind nicht ausschließlich selbstsüchtig. Nur weil jemand in erster Linie an sich selbst denkt, kann er trotzdem immer noch an andere denken. Egoisten sind klug und rational. Sie wissen, dass man nur etwas geben kann, wenn man etwas besitzt. Man kann aus einer Kasse nur das nehmen, was drin ist. Jemanden huckepack nehmen, kann nur derjenige, der laufen kann.

Egoisten sind nicht von sich selbst eingenommen. Natürlich haben sie eine gute Beziehung zu sich selbst und wissen sich zu schätzen. Aber sie sind keine Narzissten, denn diese können nicht mehr zwischen Realität und Wahnvorstellung unterscheiden. Jene sind von sich selbst so eingenommen, dass sie ein starres Selbstbild von sich haben.

Egoisten hingegen sind eingenommen von ihrem Lebensweg und ihren Wünschen. Sie gehen nicht so weit, zu glauben, sie seien perfekt. Sie sind aber vollends eingenommen von ihrem eigenen Lebensweg und lassen sich von niemandem darin beirren, ihn konsequent zu verfolgen und zu verwirklichen. Dabei ist es völlig irrelevant, ob das ihr Umfeld für gut oder schlecht befindet. Ein Egoist bleibt davon unberührt.

ABGRENZUNG: EGOIST UND PSYCHOPATH

Leider werden Egoisten nur allzu oft mit anderen Verhaltenstypen in einen Topf geworfen. Besonders irreführend ist es, wenn Egoisten und Psychopathen miteinander verglichen werden. Denn hier gibt es einen einfachen, aber sehr entscheidenden Unterschied.

Egoisten entscheiden sich bewusst dafür, einen freiheitsliebenden und erfüllten Lebensweg einzuschlagen. Es ist wie die bewusste Entscheidung, morgens laufen zu gehen oder jeden Tag in einem Buch zu lesen. Egoisten sind gesunde und hellwache Menschen, die ihr Leben nach ihren eigenen Vorstellungen leben. Egoisten wollen unabhängig von anderen Menschen sein und im Zweifel lieber allein etwas bewerkstelligen, als auf andere Menschen angewiesen zu sein.

Psychopathen sind das genaue Gegenteil. Der wichtigste Unterschied: Es ist ein Krankheitsbild bzw. eine schwere Persönlichkeitsstörung. Diese Menschen haben sich nicht dafür entschieden, sondern sind mit dieser Störung geboren. Ihr Gehirn weist in der präfrontalen Großhirnrinde eine fehlerhafte, schwache Struktur auf, was dazu führt, dass sie nicht wie ein »normaler« Mensch empfinden können. Sie verfügen nicht über Empathie und haben weder Verantwortungsbewusstsein noch Sozialkompetenz.

Ein krasses Beispiel: Wenn ein Psychopath einen Menschen tötet, um sein Ziel zu erreichen, spürt er dabei kein Unrechtsbewusstsein. Es ist für ihn mehr oder weniger eine rein logische Entscheidung. Ein schlechter Egoist tötet einen Menschen aus Habgier. Er weiß zwar, dass es falsch ist, tut es aber dennoch. Er ist so besessen von seiner Egomanie, dass er bereit ist, einen anderen Menschen zu opfern. Ein guter Egoist tötet nur, wenn sein eigenes Leben unmittelbar in Gefahr ist und er angegriffen wird. Bevor Sie getötet werden, töten Sie lieber den Angreifer. Es war seine Entscheidung, jetzt muss er die Konsequenzen tragen.

Das ist der rote Faden des guten Egoismus: Sie treffen Ihre Entscheidungen bewusst und aus eigenem Antrieb. Niemand hat Macht über Sie, niemand kann Sie drängen oder zu etwas zwingen. Sie haben Ihren Lebensentwurf erschaffen und leben nach dessen Grundsätzen. Ein guter Egoist ist der Diktator seines eigenen Lebens.

EGOMANIE VERSUS EGOISMUS

Der Egomane, der nur an sich selbst denkt und alle anderen Menschen ausblendet, ist gestört. Ein Egoist denkt erst mal an sich und dann auch an andere. Er würde mit seinem Handeln niemals absichtlich anderen Menschen Schaden zufügen, denn er weiß, dass solche Taten früher oder später auf ihn zurückfallen. Es wäre der sprichwörtliche Schuss ins eigene Knie, wie dies schon so oft bewiesen wurde.

Außerdem würde der Egomane sich nie eingestehen, Schwächen zu haben. Eine Manie, die bei einer Egomanie vorliegt, ist per se ein Krankheitsbild und beinhaltet unkontrollierte Übertreibung. Wer also seine Persönlichkeit nicht korrekt erfassen kann und die Kontrolle über die eigenen

Handlungen verloren hat, ist weder frei noch gesund. Er ist prinzipiell unehrlich sich selbst gegenüber und in weiterer Folge auch allen anderen gegenüber. Das Fundament, auf dem er sein Leben aufbaut, ist nicht solide.

Gesunde Egoisten hingegen akzeptieren ihre grundlegenden Schwächen und versuchen nicht, darin meisterhaft zu werden. Denn das ist nicht möglich. Sie konzentrieren sich hingegen vollends auf ihre Stärken und skalieren deren positive Wirkung. Anstatt 20 Prozent besser in einer Schwäche zu werden, kultivieren sie lieber ihre Stärken und versuchen doppelt so viel aus ihnen herauszuholen.

Für ihre Schwächen suchen sie sich Hilfe und bezahlen Menschen, die dort eine Stärke haben, wo sie selbst nicht gut sind. Das macht den Egoisten ehrlich, sich selbst gegenüber, aber auch anderen gegenüber. Ja, ich stehe an erster Stelle in meinem Leben. Das heißt aber nicht, dass die Menschen, die an zweiter Stelle in meinem Leben stehen, nicht gut von mir behandelt werden. Ganz im Gegenteil. Menschen, die erfüllt und glücklich sind, haben viel mehr Möglichkeiten, andere Menschen gut zu behandeln und ihnen Vorteile zu verschaffen. Wer etwas für mich tut, der bekommt im Gegenzug ein Vielfaches davon zurück.

SCHLECHTER EGOISMUS VERSUS GESUNDER EGOISMUS

Nun ist nicht jede Form des Egoismus auch gut und gesund für einen selbst oder für die Menschen im jeweiligen Einflussbereich. Schlechter Egoismus zeigt sich zum Beispiel bei

Menschen, die korrupt sind. Sie sind bereit, anderen zu schaden oder Geld zu veruntreuen, um sich selbst zu bereichern. Im Klartext: Sie berauben andere. Wer so weit gehen muss, um zu bekommen, was er sich wünscht, ist weder frei noch stark. Das Gegenteil ist der Fall. Aus der Schwäche heraus trifft er diese schlechten Entscheidungen. Wir müssen diese Unterscheidung treffen, da sonst alle Formen des Egoismus in einen Topf geworfen werden und wir einen unappetitlichen Brei erhalten würden.

Der frühere Premierminister von Malaysia, Najib Razak, verursachte den größten Korruptionsskandal des Landes, als er 700 Millionen Dollar aus einem staatlichen Entwicklungsfonds veruntreute. Sein Freund Jho Low half ihm dabei, das Geld zu waschen. Er kaufte Mega-Yachten, Gemälde und finanzierte einen Hollywood-Film. Sie werden nie erraten, welchen. Es war The *Wolf of Wall Street* mit Leonardo DiCaprio, der den windigen Börsenmakler Jordan Belfort spielt. Der Film, bei dem es um Börsenbetrug und moralische Abgründe geht, wurde also aus illegalen Quellen finanziert. Welche Ironie des Schicksals! Ich finde es übrigens sehr erschreckend, dass Jordan Belfort einigen Menschen in der Wirtschaft als Vorbild dient. Ich habe Jordan vor einigen Jahren persönlich kennen- gelernt und wir saßen in seiner Hotelsuite. Ein netter Kerl, und er ist sicher nicht mehr der drogensüchtige Abzockertyp von damals. Aber er wurde berühmt wegen Börsenbetrugs und Geldwäsche, weshalb er vom FBI verhaftet und eingesperrt wurde. Nicht die Vernunft, sondern die sinnlose Gier übernahm damals sein Denken und Handeln. Und genau diese Figur wird gefeiert wie ein Superstar. Es gibt Poster und übergroße Plakate, die man kaufen und an die Wand hängen kann. Es ist also durchaus alarmierend, dass sich Menschen von der damaligen Figur inspirieren lassen. Der schlechte Egoismus wird demnach auch nicht so schnell verschwinden.

Auch der Korruptionsskandal um den ehemaligen Präsidenten Jacob Zuma in Südafrika ist ein Beispiel für schlechten Egoismus. Wobei dies noch weit darüber hinausgeht, denn es handelt sich um schwere Straftaten. Lange Zeit hatte man schon vermutet, dass unter dem ehemaligen Präsidenten große Summen der Korruption zum Opfer fielen. Nun hat die neue Regierung veröffentlicht, dass die illegale Vorteilsnahme das Land in den zehn Jahren von Zumas Regentschaft wohl rund 34 Milliarden Dollar gekostet habe – nahezu 10 Prozent des Bruttosozialprodukts. Gesunder Egoismus endet dort, wo Menschen mit Absicht betrogen werden.

EGOISTEN SIND NICHT ASOZIAL

Das Problem in der »Vergesellschaftung« des Egos liegt vorrangig darin, dass Egoismus und soziales Verhalten als unvereinbar dargestellt werden. Egoismus ist immer und unter allen Umständen asozial, so meint man. Diese Fehlinterpretation passiert sogar Wissenschaftlern, die das menschliche Verhalten erforschen möchten. Eigentlich verständlich, denn auch sie haben ihre Erziehung und den gesellschaftlichen Wertekanon durch Schule und Co. genossen.

In einem Artikel der renommierten Wochenzeitung *Zeit* wurde einmal analysiert, dass es wichtig erscheine, Großzügigkeit und Kooperationsbereitschaft zu fördern, statt egoistisches Verhalten zu begünstigen. Menschen seien am ehesten dann bereit, sich für andere einzusetzen, wenn sie erkennen, dass sie aufeinander angewiesen sind. Wenn Menschen wüssten, dass sie voneinander abhängig sind, und dann aus Kalkulation altruistisch handelten, sei dies in Wahrheit ein verdeckter Akt des Egoismus und nichts anderes. Der Artikel geht jedoch noch weiter und zeigt dann doch, dass der Egoismus vereinbar mit sozialem Handeln ist:

»Altruismus und Egoismus galten von jeher als unvereinbare Gegenpole des menschlichen Handelns. Im Licht der neuen Erkenntnisse aber stellt sich heraus, wie sehr beide einander bedingen und brauchen. Wenn Altruisten die eigenen Interessen vergessen, gehen sie unter; reine Egoisten allerdings sind in der Regel auch nicht lange erfolgreich.«[3]

Da der »reine« und rücksichtslose Egoismus nicht lange erfolgreich ist, kann er kein »gesunder« Egoismus sein. Denn dieser ist stets darum bemüht, das Maximum, und zwar auf Dauer und Nachhaltigkeit basierend, für sich selbst herauszuholen. Deshalb muss er auch ein Stück weit die Werte und Wünsche anderer in die eigene Strategie miteinbeziehen. Wir sind keine reinen Einzelkämpfer auf diesem Planeten, sondern benötigen die Hilfe und die Arbeit von anderen Menschen. Auch ein milliardenschwerer Unternehmer braucht schlussendlich Mitarbeiter, die die Arbeit verrichten. Keine der beiden Parteien ist selbstlos und nur um das Wohl des anderen bemüht. Der Unternehmer braucht die Arbeitskraft des Angestellten, um Ergebnisse produzieren zu können. Der Angestellte nutzt den Betrieb aus, um ein möglichst hohes

Gehalt zu verdienen und im besten Fall einen Job auszuüben, der ihn befriedigt. Es ist eine Zweckgemeinschaft, in der einer ohne den anderen nicht auskommt. Es ist Egoismus in reinster Form. Jeder will für sich das Beste herausholen, ohne einem anderen dabei schaden zu wollen.

Deshalb muss man sehr vorsichtig mit der pauschalen sozialen Ächtung des Egos sein. Opfern wir jegliche Form des Egoismus, dann gelangt das System sehr schnell aus der Balance.

Wenn Sie sich Ihr ganzes Leben für andere aufopfern, dann wird sich dies früher oder später rächen. Ob dies nun in Depressionen, Burn-out oder anderen Erkrankungen mündet, sei dahingestellt, doch sich selbst nicht zu achten oder nicht auf sich zu achten, wird nicht zielführend sein, egal, was Ihr Ziel im Detail auch ist.

Um ein qualitativ hochwertiges Leben zu führen, müssen Sie selbst in guter seelischer und psychischer Verfassung sein. Daran führt kein Weg vorbei. Deshalb müssen Sie sich und Ihre Wünsche hegen und pflegen, weil sich dies andernfalls negativ auf Ihre Verfassung auswirkt.

Im berühmten *Buch des Mirdad* von Mikhail Naimy findet sich folgende Passage: »Ihr müßt stets so gesättigt sein, daß ihr auch die Bedürftigen sättigen könnt. Ihr müßt immer stark und standhaft sein, daß ihr die Wankelmütigen und Schwachen stützen könnt. Ihr müßt immer auf den Sturm vorbereitet sein, damit ihr allen vom Sturm gerüttelten Obdachlosen Schutz gewähren könnt. Ihr müßt stets leuchtend sein, damit ihr den Wanderern in der Finsternis Führer sein könnt.«[4] Soziales Verhalten ist also auf Dauer gar nicht möglich, wenn Sie nicht zuvor auf sich selbst geachtet haben.

Schon der Psychoanalytiker Sigmund Freud wusste, dass die Verdrängung von Wünschen und Bedürfnissen ins Unterbewusste Probleme mit sich bringen kann. Diese sind dem Bewusstsein nicht mehr zugänglich und äußern sich in Träumen, Fehlleistungen und Ersatzhandlungen.

Auf den Punkt gebracht heißt dies, dass Menschen, die ihre Gefühle und Wünsche verdrängen, sich nicht mehr unter Kontrolle haben und eigentlich »krank« sind. Es ist wie ein Kochtopf mit Deckel, der mit Wasser gefüllt ist. Wenn Sie diesen erhitzen, beginnt er sich durch die Dampfentwicklung zu bewegen. Wenn der Druck dann zu groß wird, wird er uns um die Ohren fliegen. Also lieber vorher den Dampf regulieren und auf die innere Stimme hören. Je länger Sie warten, desto heftiger der Knall.

ERZIEHUNG UND SPRACHGEBRAUCH

Auch unser Sprachgebrauch ist manchmal etwas irreführend. Wenn Menschen sagen »Steck mal dein Ego in die Tasche«, ist das per se unlogisch. Wie sollen Sie sich selbst in die Tasche stecken? Was damit viel eher gemeint ist: Sie sollen Ihren falschen Stolz einschränken, zum Beispiel, um jemanden gefügig zu machen und Ihr Ziel doch noch zu erreichen.

»Nimm dich nicht so wichtig!« wäre ein weiterer Spruch, der irreführend ist. Wir Menschen lernen nicht nur durch Nachahmung und Wiederholung, sondern auch durch Verallgemeinerung solcher Sätze. Einmal ausgesprochen, wird ein Spruch als Gesetz festgesetzt und auf zukünftige Situationen übertragen.

Einer der wohl häufigsten Sätze in der Erziehung ist folgender: »Der Klügere gibt nach!« Sie haben diesen Satz als Kind bestimmt Hunderte Male gehört. Er ist deshalb so fatal, weil er nahelegt, dass es klug sei, wenn man seine eigenen Bedürfnisse hintanstellt. Hier wird das soziale Wohl immer über das Ego gestellt und eigene Wünsche werden als dumm bezeichnet. Wenn man genauer darüber nachdenkt, ist es wie ein Virus, der den Kindern in den Kopf gepflanzt wird. Vielleicht ist es auch der Anfang davon, sich selbst abzulehnen und den anderen den Vorzug zu geben.

Kinder lernen dies sehr schnell, indem sie eine Erfahrung in der Folge auch auf andere Situationen übertragen. Das Kind denkt sich: »Wenn ich mich jetzt nicht wichtig nehmen soll, dann wäre es vermutlich klug, dies künftig generell nicht zu tun!« Zumal es mit solch einem Verhalten auch Lob von der Umgebung erntet. Viel seltener bekommen Kinder Lob dafür, wenn sie ihre eigenen Interessen durchsetzen. Sie sollen schließlich »brave« Bürger ohne eigenen Willen werden.

So erzieht man Menschen dazu, nicht ihren eigenen Weg zu gehen und nicht für sich selbst einzustehen. Es ist fraglich, ob die Eltern dies mit ihrer Erziehung wirklich bewusst beabsichtigen. Denn schließlich wurden auch sie so erzogen und geben lediglich ein fehlerhaftes Programm weiter.

Wendehälse, die sich nur um andere kümmern und sich von sich selbst abwenden, sind gesellschaftlich nicht wirklich dauerhaft produktiv. Langfristig ist es für die Gesellschaft teurer und schädlicher, wenn Menschen von psychischen Krankheiten heimgesucht werden, da sie ihre eigenen Bedürfnisse und ihr Ich immer unterdrücken müssen.

Der Psychologe Siegfried Charlier brachte es auf den Punkt: »Damit Kinder nicht übersehen werden, tun sie das, was Eltern von ihnen erwarten und fordern. Sie identifizieren sich mit den elterlichen Forderungen, mit den Forderungen der gesellschaftlichen Normen und Werte, mit dem elterlichen Über-Ich. Dazu tragen Erziehungssätze bei, die tausendfach wiederholt werden: ›Erst wenn du dein Zimmer aufräumst, gute Noten mit nach Hause bringst, dein Kleidchen nicht mehr dreckig machst, zur rechten Zeit aufs Töpfchen gehst etc., können wir irgendwann auch mal über deine Wünsche und Bedürfnisse reden.‹

Brave Kinder lernen so, eigene Bedürfnisse nicht mehr anzumelden, weil sowieso nicht darauf eingegangen wird. Sie lernen so, durch Aufopferung für andere, indem sie das tun, was mächtigere andere, Eltern, Lehrer, etc., von ihnen erwarten und fordern, sich Anerkennung zu erarbeiten.«[5]

Die Auswirkungen dieser Prägung, die im Grunde nichts anderes als eine Verneinung und Unterdrückung des eigenen Ich ist, sind nicht abschätzbar. Neben dem tragischen individuellen Schicksal dürfte es aus volkswirtschaftlicher Sicht aufgrund der entstehenden Kosten für psychische Behandlungen und Ausfälle ebenfalls verheerend sein.

Kurzum: Die Erziehung ist wider die Natur, denn unser Überlebenstrieb wird gespeist aus dem Ego. »Ich möchte überleben.« Stellen Sie sich vor, Ihre Urahnen hätten diesen egoistischen Lebenstrieb nicht gehabt. Sie wären sich nicht wichtig genug gewesen, für das eigene Überleben zu kämpfen. Sie wären nicht vor dem Säbelzahntiger geflohen. Ihr Familienstammbaum wäre damit beendet gewesen. Natürlich waren unsere Vorfahren auch kooperativ. Das ist ebenso natürlich, denn schließlich wissen wir, dass Kooperation und Egoismus keine Gegensätze darstellen. Es ist jedoch keine Kooperation um der Kooperation willen, sondern weil das Ego davon profitiert. Wir reden hier also stets von einem gesunden Ego – einem gesunden Ich. Es möchte wachsen, erfolgreich sein und überleben. Ein Ego, das hingegen sich selbst schadet, wird hier als psychologisch bedenkenswert eingestuft. Jegliches auf Dauer selbstzerstörerische Verhalten hat nichts mit einer gesunden Form des Egoismus zu tun.

DAS KARRIERE-UNGLÜCK

Selbst in unserer aufgeklärten Zeit glauben wir noch immer das alte Gerücht, dass es schädlich sei, die eigene Agenda zu verfolgen. Dabei liegen die Gegenbeweise auf der Hand. Würde es zutreffen, dass Menschen glücklich und erfüllt sind, solange sie nicht egoistisch handeln, müssten 90 Prozent der Bevölkerung vor lauter Glück ständig wie Honigkuchenpferde strahlen. Aber das Gegenteil ist der Fall. Nur die wenigsten Menschen in Deutschland würden von sich behaupten, völlig glücklich zu sein. Und das wohlgemerkt in einem der reichsten Staaten auf diesem Planeten.

Vermutlich hat dies etwas mit unseren täglich unterdrückten Gefühlen (und zwar seit Kindheitstagen) zu tun. Eine Gallup-Umfrage aus dem Jahr 2018 zeigt, dass sich lediglich 15 Prozent der Angestellten wohlfühlen und ganze 71 Prozent sich völlig aufgegeben haben und nur noch Dienst nach Vorschrift leisten. Ganze fünf Millionen haben innerlich sogar schon gekündigt.[6]

Wie man es dreht, wendet und interpretiert, diese Zahlen sind mehr als alarmierend, aber trotzdem logisch. Denn wer sich selbst nicht achtet oder diese Selbstachtung nur an gesellschaftlichen Normen festmacht, kann auf Dauer nicht glücklich sein. Dabei wäre das egoistische Handeln viel gesellschaftskonformer, wie bereits dargelegt wurde. Es hätte außerdem den Vorteil des individuellen Glücks, das sich auf andere Menschen übertragen kann.

Jemand, der unglücklich ist und eigentlich Angst vor dem eigenen Leben hat, wird wohl kaum ein Unternehmen gründen und für Steuereinnahmen und Arbeitsplätze sorgen. Viel wahrscheinlicher ist, dass diese unglücklichen und ängstlichen Menschen in Konzernen ihr Dasein fristen, ein bisschen in der Unternehmenshierarchie aufsteigen und nun andere Menschen »quälen«. Sie sehen, dieses Problem zieht sich wie ein Kaugummi durch das Leben. Unzufriedene und unfähige Führungspersönlichkeiten erschaffen unzufriedene und unfähige Mitarbeiter. Eine »never-ending story«, die dann in die oben genannten Zahlen mündet. All das, weil man die eigenen Bedürfnisse hintanstellt und den Frust regieren lässt.

MUT UND EGOISMUS

Wenn wir also wissen, dass das Märchen vom Altruismus (Selbstlosigkeit) nicht stimmt, warum lassen wir uns in unserem Handeln davon nach wie vor beeinflussen? Die Antwort darauf ist relativ klar: Nur wenige haben die Energie, aus der Reihe zu tanzen. Sich gegen die Herde zu stellen, kostet Mut und Kraft.

Als ich Wladimir Klitschko fragte, ob man Mut erlernen könne, sagte er: »Ja, Mut kann man lernen. Häufig hält man sich nicht für so mutig und unterschätzt sich selbst. Wenn wir mehr oder weniger psychisch gesund sind, haben wir jedoch Ängste, viele Ängste. Sie sind ein unglaublicher Teil unseres Egos, unserer Menschlichkeit. Es ist okay und es ist gesund, Angst zu haben. Angst macht dich wach und bringt dich voran. Nur feige darfst du nicht sein. Wenn du feige bist, drehst du um oder machst den nächsten Schritt nicht. Das heißt, du bleibst stehen, fällst zurück. Um dich zu entwickeln, musst du vorangehen. Und ja, das ist lernbar.«[7]

Es geht beim Egoismus mithin um Selbstachtung und Selbstbewusstsein auf allen Ebenen unseres Seins. Wer von der Bewertung des eigenen Umfelds abhängig ist, wird nie eine gesunde Form des Egoismus leben können und begibt sich dann in andere Formen der Abhängigkeit.

Sie müssen diesen Schritt in das eigene Selbstbewusstsein und in die eigene Größe wagen, unabhängig davon, was Ihr Umfeld dazu sagt. Sehen Sie es doch so: Durch Ihr Handeln können Sie auch ein Vorbild sein und für Lernmomente sorgen. Das Ziel des gesunden Egoismus ist ein freies, selbstbestimmtes und glückliches Leben.

EGOISMUS BEDEUTET SELBSTERMÄCHTIGUNG

Egoismus ist vor allem deshalb störend für die Machtinhaber, weil er unberechenbar macht. Menschen, die sich nicht vorrangig an anderen orientieren, sondern für ihre eigenen Werte einstehen, lassen sich weitaus schwieriger beeinflussen als Menschen, die einzig und allein auf das Wohl anderer bedacht sind. Man kann ihnen auch leichter ein schlechtes Gewissen einreden. Scham spielt eine große Rolle bei der Unterdrückung des eigenen Egos.

Ein Werkzeug zur Steuerung der Masse nennt sich »Öffentliche Meinung«. Das ist sozusagen eine kollektive Wahrheit, an die jeder glauben muss – ob er will oder nicht. Denn wer sich gegen die öffentliche Meinung stellt, ist abnormal. Somit drücken die Machtinhaber einfach einen Meinungsknopf und schon blöken die Schafe im vorgegebenen Takt. Für Egoisten heißt das: Hirn einschalten.

Ermächtigen Sie sich selbst, eigenständige Meinungen zu Themengebieten zu bilden, und fallen Sie nicht auf billige Propaganda herein, nur weil Ihr Nachbar dies mit sich machen lässt. Haben Sie den Mut, auch unpopuläre Ansichten zu äußern, wenn sich diese mit Ihren innersten Werten und Prinzipien decken. Alles andere wäre Selbstverleugnung.

Außerdem kennen Egoisten sich selbst sehr gut, weil sie gelernt haben, auf ihre innere Stimme und ihre Wünsche zu hören. Egoisten programmieren sich ständig selbst. Sie lassen es nicht zu, dass äußere Einflüsse, wie soziales Umfeld, die Werbung oder die Medien, sie unterbewusst manipulieren. Egoisten wollen die Kontrolle behalten und immer selbst entscheiden, anstatt andere für sie die Wahl treffen zu lassen. Dieser Umstand macht es schwierig, selbstbewusste Menschen zu beeinflussen.

Tim Grover ist einer der gefragtesten Coaches bei Spitzensportlern in den USA. Er brachte NBA-Superstars wie Michael Jordan und Kobe Bryant über ihre Grenzen hinaus. In seinem Buch *Kompromisslos* beschreibt er die Einstellung dieser Ausnahmesportler – er nennt sie Cleaner: »Die Haltung eines Cleaners kann so formuliert werden: Ich habe alles im Griff. Er betritt einen Raum mit großem Selbstbewusstsein und verlässt ihn mit Ergebnissen. Ein Cleaner hat den Mut und die Vision, alles zu seinem Vorteil auszurichten.«[8]

Es gibt es ein gutes Sprichwort über Kontrolle: »Wenn Sie arm geboren werden, ist es nicht Ihre Schuld. Wenn Sie arm sterben, ist es Ihre Schuld.« Dieser Satz sagt alles darüber aus, wer für die Ergebnisse in Ihrem Leben verantwortlich ist. Sie und sonst niemand.

Die meisten Menschen kennen so viele Leute, nur sich selbst kennen sie nicht. Kein Wunder, wenn man bedenkt, wie sie erzogen werden. Sich dauernd an anderen zu orientieren und sich selbst für andere aufzuopfern, hinterlässt Spuren. Der Blick nach innen verunsichert die meisten Menschen, denn wir müssten unsere Verhaltensweisen infrage stellen. Dazu hat Henry Ford angemerkt: »Denken ist die schwerste Arbeit, die es gibt. Das ist wahrscheinlich auch der Grund, warum sich so wenige Leute damit beschäftigen.« Scheuen Sie die Arbeit nicht. Seien Sie kein Opfer. Werden Sie ein Meister.

EGOISMUS UND SELBSTBEGRENZUNG

Die meisten Menschen haben spezielle Verhaltensmuster und Charakterzüge und führen Selbstgespräche, derer sie sich gar nicht bewusst sind. Weil sie sozusagen blind für die Funktionsweisen ihrer Persönlichkeit sind, können sie auch den Verlauf ihrer Zukunft nicht beeinflussen.

Wenn Ihnen niemals jemand sagen würde, dass Ihr Auto auch einen dritten, vierten und fünften Gang hat, würden Sie Ihr Leben lang maximal im zweiten Gang herumfahren und sich wundern, warum Sie nicht so zügig vorankommen. Bei unserer Persönlichkeit und unseren Verhaltensweisen sagt es uns aber tatsächlich niemand. Wir müssen uns irgendwann selbst erforschen, damit wir wissen, wie wir uns selbst »benutzen« müssen, um im Leben auch voranzukommen. Dazu muss man sich selbst allerdings auch wichtig genug sein, dies zu tun.

Viele Menschen möchten in niedrigeren Gängen durchs Leben steuern. Das ist vollkommen in Ordnung, wenn es die eigene, freie Entscheidung ist. Dann sollten sie sich aber nicht über das langsame Vorankommen beschweren oder über andere schimpfen, wenn diese auf der Überholspur des Lebens an ihnen vorbeiziehen. Denn eines muss klar sein: Ein gesunder Egoist übernimmt auch zu 100 Prozent die Verantwortung für die eigenen Ergebnisse und gibt die Schuld bei schlechtem Ausgang nicht den Umständen oder dem Umfeld. Das würde wiederum nur für Abhängigkeiten sorgen, die einem freien, selbstbestimmten Leben im Weg stehen.

Als ich mich mit Wladimir Klitschko über die Einstellung der Amerikaner unterhielt, sagte er: »Menschen begrenzen sich oft selbst. Ich glaube, es ist diese egoistische Gesellschaft, die den USA ihre Dominanz ermöglicht. Das Ego ist wahrscheinlich größer als die Möglichkeiten, aber genau das vergrößert die Möglichkeiten, und somit kommt man weiter.«[9]

Einer der Lieblingssätze, den Klitschko auch öffentlich immer wiederholt, ist: »You are the driving force« – »Du bist die treibende Kraft.« Dieser Satz sagt eigentlich alles. Notieren Sie ihn sich und hängen Sie ihn überall in Ihrem Haus, Ihrer Wohnung oder am Arbeitsplatz auf.

WAS SAUERSTOFFMASKEN ÜBER EGOISMUS ERZÄHLEN

Vor jeder Flugreise bittet das Kabinenpersonal die Gäste, aufmerksam folgendem Hinweis zu lauschen: »Sollte der Kabinendruck sinken, fallen automatisch Sauerstoffmasken von der Decke. Ziehen Sie die Maske zu sich heran, um den Sauerstofffluss zu starten, und setzen Sie die Maske über Mund und Nase. Erst dann helfen Sie Kindern und Mitreisenden.«

Es ist die perfekte Beschreibung von gutem Egoismus. Es nützt niemandem, wenn Sie bewusstlos in Ihrem Flugzeugsitz hängen und die anderen müssten sich schließlich um Sie kümmern. Genau an diesem Punkt bringen Sie nämlich andere Menschen in eine gefährliche Lage. Niemand hätte etwas davon.

Vom guten Ego

Doch genau dies scheinen zahlreiche Menschen in ihrem eigenen Leben zu tun. Es gibt viele Menschen, die ihr eigenes Leben nur nach anderen ausrichten und nicht auf sich selbst achten. Das geht vielleicht einige Jahre oder sogar Jahrzehnte gut. Doch es gibt Menschen, die eines Tages aufwachen und eine Körperhälfte ist gelähmt. Sie haben sich zu viel zugemutet, zu oft »Ja« gesagt, wenn sie eigentlich »Nein« hätten sagen müssen.

Unser Geist und unser Körper merken sich diese Verstöße gegen das eigene Ich und das kann sich, wie im eben genannten Beispiel, bitter rächen. Dabei muss es auch gar nicht körperlicher Natur sein. Plötzliche Formen von Antriebslosigkeit können das Leben ebenfalls auf den Kopf stellen. Dann sind plötzlich Sie es, der Hilfe braucht und selbst überhaupt nichts mehr geregelt bekommt.

Es ist so sicher wie das Amen in der Kirche: Wenn Sie sich nicht um sich selbst kümmern, dann müssen sich, früher oder später, andere um Sie kümmern. Sie hätten somit genau das Gegenteil davon bewirkt, was Sie eigentlich beabsichtigten, indem Sie dauernd an das Wohl Ihrer Mitmenschen gedacht haben. Das geht eine gewisse Zeit lang gut, aber es rächt sich, verlassen Sie sich darauf.

Wenn man als Sohn des Einheitskanzlers Helmut Kohl aufwuchs, hat man es sicher nicht leicht gehabt. Ich habe Walter Kohl mehrmals getroffen und bewundert, wie er aus diesem »mentalen Gefängnis« ausbrechen konnte. Er sagte: »Ich lebte lange nach dem Glaubenssatz, dass ich, wenn ich mich um jeden und alles kümmere, Anerkennung und Liebe erhalten werde. Dass diese Strategie ins Chaos führte, ist offensichtlich. Ich denke, es kann nicht unser Ziel sein, möglichst viele Menschen glücklich zu machen, sondern wir sind aufgefordert, erst mal in Einklang mit uns selbst zu kommen, bevor wir uns um andere kümmern.«[10]

VOM POSITIVEN DER SELBSTSUCHT

Der indische Philosoph und Gelehrte Osho wurde zu Lebzeiten mit Buddha verglichen und der Dalai Lama bezeichnete ihn als »erleuchteten Meister«. Seine Betrachtung der Selbstsucht rückt unsere Diskussion über den guten Egoismus in ein richtiges Licht:

»Wer nicht selbstsüchtig ist, kann auch nicht altruistisch sein, vergiss das nicht. Merke dir: Wer nicht selbstsüchtig ist, kann auch nicht selbstlos sein. Das muss man verstehen, denn es erscheint paradox. Was heißt es, selbstsüchtig zu sein? Die erste grundlegende Bedingung ist, dass du in deiner Mitte bist. Die zweite grundlegende Bedingung ist, dass du immer danach strebst, glücklich zu sein. Wenn du in deiner Mitte bist, wirst du bei allem, was du tust, von dir selbst ausgehen. Dann vermagst du auch anderen zu dienen – aber nur, weil es dir Freude macht. Dann tust du es nur, weil du es wirklich gerne machst, weil es dich beglückt und befriedigt.«[11]

Das kommt etwas spirituell daher, trifft aber genau den Kern des guten Egoismus. Sich lediglich um das Glück des Gegenübers zu kümmern, ist nicht Erfolg versprechend. Weder für die Person, der man es wünscht, noch für uns selbst. Jeder ist seines eigenen Glückes Schmied, das dürfen wir nicht vergessen, denn es ist tatsächlich so. Alles andere konstruiert und verfestigt Abhängigkeiten, die in die Unzufriedenheit und in die Frustration führen.

Viele Partnerschaften beruhen mehr schlecht als recht auf dieser Basis. Der eine will den anderen glücklich machen und bezieht daraus sein individuelles Glück. Dieser Schuss kann natürlich sehr schnell nach hinten losgehen. Was, wenn Ihr Gegenüber sich nicht beglücken lässt? Dann ist nicht nur der andere unglücklich, sondern Sie sind es ebenfalls. Eine Lose-lose-Situation, inklusive allerlei Abhängigkeiten. Ich kann nur glücklich sein, wenn der andere es auch ist. Furchtbar tragisch, denn das eigene Glück ist viel leichter herzustellen, wenn da nicht das schlechte Gewissen wäre.

Es wäre doch tatsächlich gesünder, für das eigene Glück zu sorgen und den anderen daran teilhaben zu lassen. Und weil wir an dieser Stelle schon etwas im spirituellen Bereich waren, halten wir uns das Gebot von Jesus Christus vor Augen: »Liebe deinen Nächsten wie dich selbst!« Wenn Sie sich selbst nicht achten, können Sie auch andere nicht achten. Wenn Sie sich selbst nicht lieben, können Sie auch andere nicht lieben.

Und dennoch haben viele Menschen Schuldgefühle, nicht gut genug zu sein oder nicht wertvoll genug zu sein. Auch hier könnte man theologisch argumentieren. Theologen würden sagen, dass der liebe Gott keine Fehler macht. Wenn es also einen fehlerfreien Schöpfergott gibt, sind auch seine Schaffenswerke – wir – fehlerlos. Alles ist genau so, wie es sein soll. Also sollten wir annehmen, wer wir sind. Achtung: Wir sprechen hier vom Charakter, nicht vom Verhalten. Sie können Ihr Verhalten verändern, nicht aber Ihren Charakter.

EGO

Aus einem Gefäß können Sie nur das gießen, was darin vorhanden ist. Genau das muss Jesus gemeint haben mit seinem Gebot: Zuerst muss die Liebe zu sich selbst vorherrschen und erst im zweiten Schritt kann die Liebe für den Nächsten folgen. Ein Sehender kann Blinde führen. Ein Meister kann Lehrlinge ausbilden. Ein Mensch, der sich selbst liebt, kann anderen Liebe schenken. Es kann aus rein logischen Gründen auch gar nicht anders sein, als aus der eigenen Fülle heraus zu handeln. Und genau für diese Fülle in Ihrem – und ausschließlich in Ihrem – Gefäß sind Sie verantwortlich.

Sorgen Sie dafür, dass es Ihnen so gut wie nur möglich geht, in allen Bereichen Ihres Lebens. Je besser Sie für sich sorgen, desto besser geht es auch Ihrem Umfeld. Wenn dies jeder für sich so handhaben würde, wäre die Welt eine bessere. Egoistischer und besser, weil jeder auf sich achtgeben würde und keine Grabenkämpfe mehr ausgefochten werden müssten. Alle würden aus einer egoistischen Balance und Selbstsicherheit heraus handeln. Eine Welt ohne Intrigen und Hass. Die schöne Seite des Egoismus.

PRINZIPIEN EINES GUTEN EGOISTEN

Als guter Egoist halte ich nicht viel davon, einfach nur zu geben. Es kostet Ressourcen, Energie und oftmals sogar Geld. Denn ich kann in diesem Zeitraum, den ich für jemand anderen investiere, auch etwas für mein Unternehmen oder für mich selbst tun oder mit meiner Frau einen schönen Tag erleben. Als Egoist möchte ich meine Zeit so sinnvoll wie nur irgend möglich verbringen. Das bin ich mir schuldig.

Deshalb ist das Tauschgeschäft für mich so einleuchtend. Jemand will etwas von mir, also schlage ich einen Handel vor. Wenn mein Gegenüber darauf eingeht, will ich zuerst sehen, dass er auch abliefert. Wenn dies tatsächlich der Fall ist, bin ich gerne bereit, mein Bestes für ihn zu geben.

In den meisten Fällen hat mein Gegenüber mehr von mir bekommen, als er ursprünglich erwartet hat. Ich kann aus dem Vollen schöpfen. Das habe ich mir über mehr als eine Dekade geduldig und hart erarbeitet. Ich verfüge über ausreichende finanzielle Mittel, ich habe die besten Kontakte, die man sich nur wünschen kann, ich habe Insider-Informationen, die kaum jemand sonst hat, und viele Kompetenzen, die insbesondere in der Wirtschaft einen großen Unterschied ausmachen. All das habe ich meinem gesunden Egoismus, meiner Achtung mir selbst gegenüber, zu verdanken.

Wer von solchen Ressourcen Gebrauch machen will, muss sich erst beweisen. Ich bin kein Selbstbedienungsladen, den man nach persönlicher Lust und Laune ausräumen kann. Diese Einstellung hat etwas mit Selbstwert und Respekt zu tun. Wer jedoch in Vorleistung geht und mir sozusagen den Respekt erweist, dem erweise ich umgekehrt ebenfalls meinen Respekt. Es gab Menschen, die kamen wegen ein paar Hundert Euro zu mir und gingen letztlich mit Hunderttausend Euro aus der Tür. Das hatten sie nicht erwartet, als sie zu mir kamen. Aber ich wusste es, weil ich meine Ressourcen kenne.

Sie können einen Ferrari nicht starten, ohne Krach zu machen. Ein solcher Motor arbeitet auf einem anderen Niveau. Bei mir ist es ähnlich. Wenn ich meinen Motor für jemanden starte, dann lohnt sich das für diese Person bereits im Leerlauf. Da ich das weiß, mache ich ihn nur an, wenn auch ich für mich Vorteile daraus ziehen kann.

EIN »NEIN« ZU ANDEREN IST EIN »JA« ZU SICH SELBST

Eine Win-win-Situation ist doch wohl das Beste, was beiden Parteien passieren kann. Es ist unsere Aufgabe als gute Egoisten, die Rahmenbedingungen abzustecken, in denen solche Ergebnisse erzielt werden können. Dabei müssen die eigenen

Wünsche, Bedürfnisse und Ziele klar kommuniziert werden, damit mein Gegenüber weiß, worauf es sich einlässt. Entsteht daraus ein gemeinsames Projekt, dann fußt es auf Transparenz. Ist das Gegenüber nicht bereit, den Weg mit mir zu gehen, dann haben wir uns Zeit und Energie gespart. Schlussendlich sind wir also immer Gewinner. Entweder gewinnen wir einen neuen Kooperationspartner oder Zeit für sinnvollere Projekte.

Doch es muss sich nicht immer alles auf Leistung beziehen: Es kann auch sein, dass ich mir davon eine neue, wertvolle Erfahrung verspreche oder etwas anderes Immaterielles. Aber ich möchte klarstellen: Wer immer nur gibt und gibt, ohne etwas zu bekommen, wird bald leer sein und nichts mehr zu geben haben. Lesen Sie die Geschichten von Menschen, die ausgebrannt sind, weil sie in ihrer Beziehung oder im Beruf immer nur gegeben haben, ohne an sich zu denken. Es gibt zu viele solcher gescheiterten Existenzen, die alles verloren haben, weil sie immer nur verteilt haben.

Die Studie »Betriebliches Gesundheitsmanagement 2018« wurde im Februar 2018 im Auftrag der pronova BKK im Rahmen einer Online-Befragung durchgeführt. Dafür wurden bundesweit 1650 Arbeitnehmerinnen und Arbeitnehmer repräsentativ befragt. Die Ergebnisse dieser Befragung sind erschreckend: 87 Prozent der arbeitenden Bevölkerung sind gestresst und jeder Zweite glaubt daran, kurz vor dem Burn-out zu stehen.[12]

Gesunde Egoisten hätten es gar nicht so weit kommen lassen. Sie hätten Grenzen gezogen und auf ihre innere Stimme gehört. Die Zahlen sind jedoch deshalb so hoch, weil wir fremden Meinungen mehr Beachtung schenken als unseren eigenen Gefühlen. Egoisten haben den Mut, Grenzen zu ziehen und ein respektvolles »Nein« zu äußern, wenn sie merken, dass es zu viel wird oder sie übervorteilt werden. Sie sehen und hören ganz genau hin, weil sie wissen, dass ihre Bedürfnisse und Wünsche das Baumaterial für ein glückliches Leben sind. Unglücklich wird man vor allem dann, wenn man das Baumaterial und den Bauplan von anderen verwenden muss. Der Schein kann zwar Jahrzehnte aufrechterhalten werden, doch irgendwann meldet sich das »Ich«. Achten Sie darauf, dass Sie stetig Ihr Fundament verstärken und stützen. Je solider Sie stehen, desto höher können Sie bauen.

EGOISTEN SAGEN, WENN IHNEN ETWAS NICHT PASST

Ich reise viel. Und ich gebe zu, dass ich sehr gerne den Privatjet nutze. Dort habe ich die volle Kontrolle und alle richten sich nach meinen Wünschen. Ich kann entscheiden, wann wir abfliegen, ich muss in der Regel keine Sicherheitskontrolle passieren, ich habe viel Platz für meine langen Beine und vor allem: Ich kann die Temperatur nach meinen eigenen Bedürfnissen einstellen, denn neben meinem Sitz befindet sich ein Bedien-Panel, über das ich die Kabinentemperatur regeln kann. Nichts ist unangenehmer, als im Flieger zu schwitzen. Frieren ist natürlich genauso schlecht.

In vielen Fällen ist der Privatjet in Anbetracht des Termins allerdings übertrieben beziehungsweise unwirtschaftlich und ich fliege Business Class mit der Lufthansa. Dort habe ich leider kein Bedien-Panel, weil ich ja nicht allein im Flieger sitze. Ich kann den Bildschirm, der neben der Einstiegstür angebracht ist, jedoch sehen, weil ich in der ersten Reihe sitze. Und oft ist die Kabinentemperatur zu hoch. Ich bin immer wieder erstaunt, dass die Flugbegleiter für diese Kleinigkeiten den Sinn verloren haben. Sie meinen es gar nicht böse, aber sie sind einfach betriebsblind. Daher frage ich stets freundlich, aber bestimmt danach, die Temperatur etwas zu senken. Sobald ich das ausgesprochen habe, bemerken auch die Flugbegleiter, dass es zu warm in der Kabine ist, und handeln dementsprechend. Tatsächlich ist eine Temperatur um die 21 Grad sogar eine internationale Empfehlung für fliegendes Personal, da zu warme Temperaturen einen Kreislaufkollaps in den Höhen verursachen können, in denen ein Flugzeug fliegt. Das hat unter anderem mit dem niedrigen Luftdruck zu tun.

In sehr vielen Situationen im Alltag bemerke ich, dass die Menschen um mich herum schlafen. Sie haben zwar die Augen offen, aber eigentlich sind sie innerlich eingenickt. Egoisten sind hellwach und genießen jede Minute des Tages, denn sie wollen alles herausholen, was nur irgend möglich ist. Sie verlangen das Maximum. Und deshalb haben sie auch keine Scheu, ihre Wünsche zu äußern. Weil sie es sich wert sind.

Wieder eine Situation auf einem Linienflug: Da ich viel fliege, kenne ich mich auch etwas mit Thermik aus und weiß, wann die Flüge turbulent werden können. Im Frühjahr, wenn die verschiedenen Luftmassen aufeinandertreffen, entstehen in der Regel mehr Verwirbelungen und der Flug wird unruhiger. Neben mir saß eine Dame, die scheinbar selten flog. Sie bestellte sich bei unruhigem Flug einen vollen Becher heißen

Kaffee – ich verstehe bis heute nicht, warum Flugbegleiter das zulassen. Wahrscheinlich, weil sie mit offenen Augen schlafen, wie wir ja schon festgestellt haben. Jedenfalls stellte die Dame den Kaffeebecher zu ihrer Linken (und zu meiner Rechten) auf das Klapptischchen. Da ich schon ahnte, was bald passieren würde, bat ich sie höflich, aber entschieden, den Kaffee auf die andere Seite zu stellen. Mein Sakko, das ich gerne auf den Mittelsitz lege, brachte ich auch vorsorglich in Sicherheit. Kurze Zeit später passierte dann bei der nächsten Turbulenz das, was passieren musste. Der heiße Kaffee landete auf ihrer Hose. Ich blieb trocken und sauber. Es geht mir hier nicht ums Rechthaben oder um Schadenfreude, sondern ums Durchsetzen meiner Anliegen. Wenn der Kaffeebecher nicht umgekippt wäre, wäre ich genauso glücklich gewesen, weil ich mich um mich selbst gekümmert habe. Wenn ich meine Wünsche nicht geäußert hätte, dann wären nicht nur mein Sakko und meine Hose mit Kaffee bekleckert, sondern ich wäre mir auch nicht treu gewesen und hätte mich über mich selbst geärgert, nicht meine Wünsche geäußert zu haben.

Ein weiteres Beispiel aus meinem Alltag: Ich nutze regelmäßig den Chauffeurdienst Blacklane. Das ist sehr praktisch. Ich gebe in der App ein, wann mein Flug landet, und werde direkt am Airport mit einem Schild, auf dem »Herr Backhaus« steht, in Empfang genommen. Wenn ich mit dem Privatjet fliege, fährt die Limousine direkt vor die Maschine. Mein Gepäck wird mir abgenommen und ich muss mich um nichts mehr kümmern.

Als ich zuletzt in Rom war, nahm mich ein junger, engagierter Fahrer in Empfang und kümmerte sich um mein

Gepäck. Wir fuhren los. In der Limousine erklang laute Musik und der Fahrer machte während der ersten Meter keine Anstalten, sie leiser zu drehen oder gar abzustellen. Natürlich habe ich ihm freundlich mitgeteilt, er solle sie abstellen. Ich möchte im Wagen telefonieren und arbeiten. Nicht zuletzt ist dies ein Grund, weshalb ich mich chauffieren lasse und nicht selbst fahre. Und beim Limousinenservice gehört es sowieso zum guten Ton, keine Musik laufen zu lassen. Außerdem: Erfolgreiche Menschen suchen die Ruhe, nicht die Beschallung oder Ablenkung.

Würde ich nichts sagen, käme ich genervt an meinem Zielort an. Vielleicht hätte ich vergessen, auf eine wichtige E-Mail zu antworten, und ein Geschäft über Zehntausende Euro wäre mir durch die Lappen gegangen. Oder ich hätte vergessen, meiner Frau zu schreiben, dass ich gut gelandet bin, und sie würde sich Sorgen machen. Alles nur, weil ich zu wenig Rückgrat habe, den Fahrer die Musik ausstellen zu lassen? Ganz bestimmt nicht.

EGOISTEN HÖREN ZU, STATT ZU REDEN

Ein guter Egoist sucht stets seinen Vorteil. Insbesondere im Geschäftsleben geht es darum, einen Informationsvorsprung zu besitzen. Aber wie gewinnen Sie diese wichtigen Informationen?

Egoisten haben sich angewöhnt, gute Zuhörer zu sein. Auch wenn Sie vielleicht den Drang verspüren, viel zu reden, halten Sie sich zurück und hören Sie dem Gegenüber aufmerksam zu. Wenn der Gesprächspartner aufhört zu reden, stellen Sie die nächste Frage, um ihn zu ermuntern, weiterzusprechen. Sie kennen bestimmt den Satz: »Wer fragt, der führt!« Ich würde ihn folgendermaßen ergänzen: »Wer richtig zuhört, kann auch die richtigen Fragen stellen!«

Dies ist auch ein sehr schönes Beispiel für kurzfristige und langfristige Strategien. Wenn Sie Ihr Wissen und Ihre Meinung kundtun möchten, dann befriedigt dies vielleicht kurzfristig Ihr Ego, doch langfristig haben Sie so gut wie keine neuen Informationen über Ihr Gegenüber oder über ein gewisses Themenfeld erhalten. Damit schaden Sie sich selbst.

Indem Sie lernen, anderen das Wort zu überlassen und sie durch Fragen in eine bestimmte Richtung zu lenken, gewinnen Sie wichtige Informationen. Diese Informationen können Ihnen auf vielfältige Weise nützlich sein. Es kann Ihr Allgemein- oder Spezialwissen erhöhen. Wenn Sie beispielsweise mit einem Branchenexperten sprechen, können Sie ihn ermutigen, Ihnen viele Insiderinformationen zu verraten. Diese können Sie zu Ihrem eigenen Vorteil nutzen, wenn Sie beruflich das nächste Mal mit diesem Thema konfrontiert sind.

Aufpassen müssen Sie, wenn Sie mit Insidern eines börsennotierten Unternehmens sprechen. Je besser Sie in der Kunst der Fragetechnik werden und je vertrauensvoller Sie wirken, desto mehr werden Ihnen Menschen verraten. Wenn ein Unternehmensinsider Ihnen börsenrelevante Informationen preisgibt, dürfen Sie diese nicht zu Ihrem Vorteil einsetzen, indem Sie beispielsweise Aktien des betreffenden Unternehmens kaufen oder Leerverkäufe gegen das

Unternehmen tätigen – je nachdem, ob die Informationen für oder gegen das Unternehmen sprechen. Wenn Sie das täten, würden Sie sich wegen Insiderhandels strafbar machen und müssten im schlimmsten Fall ins Gefängnis. Gute Egoisten übertreten vielleicht manchmal Grenzen, aber sie setzen nicht ihre Freiheit aufs Spiel. Nichts ist dem Egoisten wichtiger als seine Freiheit. Außerdem würden Sie sich langfristig schaden, um kurzfristig Profit zu erzielen. Nicht sehr klug.

Es gibt noch einen wichtigen Grund, warum Sie in einem Gespräch Informationen sammeln sollten. Sie können diese als Waffe gegen die Person einsetzen. Ich bin selbst nicht ganz glücklich mit dieser Formulierung, aber ich will Ihnen erklären, was damit genau gemeint ist.

Verhandlungen begegnen uns im Alltag immer wieder. Es kann die Verhandlung mit Ihrem Lebenspartner sein, wohin der nächste Urlaub gehen soll. Oder es ist die Verhandlung über eine Gehaltserhöhung. Es kann aber genauso gut eine Preisverhandlung mit einem potenziellen Kunden sein.

Eine der wertvollsten Ressourcen in jeder Verhandlung sind Informationen. Wenn Sie – womöglich schon lange zuvor – wichtige Informationen in einem Gespräch mit besagtem Verhandlungspartner gesammelt haben, können Sie diese nun zu Ihrem Vorteil in der Besprechung einsetzen. Dabei dosieren Sie die Argumente, die Sie gesammelt haben, vorsichtig. Sie wollen nicht sofort aus allen Rohren feuern, denn dann verkommt ihre Verhandlung zu einem Angriffskrieg und die Gegenseite verschanzt sich und macht dicht. Wenn Sie hingegen behutsam ein Argument nach dem anderen vorbringen, das der Verhandlungspartner schließlich selbst geliefert hat, kann er nicht anders, als zuzustimmen. Denn sonst würde er sich selbst widersprechen – und das tun Menschen nur äußerst ungern. Sie werfen ihm also keine Totschlagargumente vor die Füße, sondern zitieren ihn lediglich. Danach können Sie beinahe beiläufig den Sack zumachen und die Verhandlung zu Ihren Gunsten abschließen.

EGOISTEN HALTEN SICH (FAST) IMMER AN VEREINBARUNGEN

Abmachungen und Vereinbarungen sind eine gute Sache. Allerdings ist auf ein faires Arrangement zu achten, damit man Ihnen später nicht nachsagen kann, dass Sie jemandem etwas schuldig geblieben sind.

Die einzige Ausnahme von dieser Regel trifft dann zu, wenn die andere Partei entschieden hat, sich nicht mehr an die Abmachung zu halten. Sie sollen niemals das Opfer sein. Wenn jemand glaubt, er kann von Ihnen profitieren, ohne Ihnen im Gegenzug die versprochene Leistung zu erbringen, müssen Sie sich nicht mehr an die Abmachung gebunden fühlen. Es ist eine binäre Entscheidung. Wenn der andere auf null wechselt, ist die Sache automatisch gestorben.

Ein recht prominenter Freund von mir hat sich einmal über den Tisch ziehen lassen. Er gab einer Agentur einen sehr hoch dotierten Auftrag und hat sich gleichzeitig zu einer Mindestvertragslaufzeit verpflichtet. So etwas dürfen Sie nur dann tun, wenn Sie einen klaren Leistungskatalog festgelegt haben. Sie müssen sozusagen eine Mindestanforderung kommunizieren. Nur wenn diese Mindestanforderung erfüllt wird, sind Sie auch an den Vertrag und an die Zahlung gebunden. Mein Freund hat diesen Zusatz wohl leider nicht gefordert und fühlte sich an einen Vertrag gebunden, der ihm außer Ärger nichts eingebracht hat. Im Klartext bedeutet das, er hat Geld für etwas bezahlt, was er nicht bekommen hat. Trotzdem fühlte er sich weiterhin an den Vertrag gebunden. Er hatte somit nicht die Möglichkeit, seine Leistung anderweitig in Auftrag zu geben.

Begehen Sie nicht einen solchen Fehler! Lassen Sie sich nicht übervorteilen. Es gibt da draußen leider viele Scharlatane, die Ihnen das Geld aus der Tasche ziehen möchten, ohne etwas dafür tun zu wollen. Dem müssen Sie Einhalt gebieten. Haben Sie eine Abmachung getroffen und Ihr Geschäftspartner erfüllt seinen Teil der Vereinbarung nicht, dann fühlen Sie sich bitte auch nicht länger an diese Übereinkunft gebunden. Hält das Gegenüber sich nicht an die Vertragstreue, dann brauchen Sie dies auch nicht zu tun. Sie sind quasi entbunden, Ihrem Vertragsteil nachzukommen. Wenn Sie bereits zu viel bezahlt haben, dann fordern Sie dieses »Zuviel« mit aller Vehemenz zurück. Verzichten Sie auf nichts. Jagen Sie Ihren ehemaligen Vertragspartner zum Teufel und sehen Sie zu, dass Sie Ihre Leistung anderweitig bekommen. Das bezieht sich natürlich nicht nur auf Geschäftliches. Im Privatleben gilt es genauso.

EGOISTEN NEHMEN SO VIEL, WIE SIE BEKOMMEN KÖNNEN

Alles im Leben ist Verhandlungssache. Sie treiben es so weit, bis Ihnen jemand seine Grenzen aufzeigt. Das gilt auch beim Thema Geld. Wir alle weisen uns selbst irgendwann einen Wert zu – gemessen in einem Geldbetrag. Auch wenn Sie jetzt vielleicht einwenden, dass andere Ihnen diesen Wert zuweisen – zum Beispiel in Form des Gehalts oder eines Stundenlohns –, waren es immer noch Sie, der das so akzeptiert hat. Sie haben dann diesen Wert in Ihr Denken übernommen und er hat sich dort manifestiert. Übernehmen Sie die Verantwortung dafür. Nur wer die Verantwortung trägt, hat auch die Macht, etwas zu verändern. Sie haben Einfluss auf Ihren Selbstwert. Sie müssen diesen Einfluss lediglich nutzen.

Als ich das letzte Mal mit Birgit Schrowange telefonierte, sprachen wir über Frauen und Geld: »Geld ist eine Wertschätzung. Du arbeitest, und das was du bekommst, ist die Wertschätzung. Und wenn Frauen eben noch 20 Prozent weniger verdienen als Männer, dann sind sie auch ein bisschen selber schuld. Sie stellen sich nicht hin und sagen: Ich bin es wert, ich habe das verdient und ich möchte gerne das Gehalt haben. Denn ich bin gut, weil ich meinen Job beherrsche, ich bin fleißig und einfach toll.«[13]

Den eigenen Wert zu ermitteln ist zugegebenermaßen nicht ganz leicht. Es ist vielmehr ein schrittweises Ausloten der Grenzen. Sie erhöhen so lange Ihre finanziellen Forderungen, bis andere nicht mehr bereit sind, dieser Forderung nachzukommen. Hier müssen Sie auch den Egoismus der

Gegenseite in Betracht ziehen. Denn diese will natürlich auch den maximalen Nutzen aus Ihnen ziehen. Das ist legitim. Sie sollten in der Lage sein, den Wert zu ermitteln, den Sie Ihrem Kunden oder Arbeitgeber einbringen. Klar ist, dass Sie nicht den kompletten Betrag verlangen können, den Sie erwirtschaften. Dann wäre es für die Gegenpartei ein Nullsummenspiel.

EGOISTEN WISSEN, WIE MAN GEHALTSVERHANDLUNGEN FÜHRT

Das Wichtigste: Wenn Sie es nicht wert sind, verlangen Sie nicht nach mehr Gehalt. Ein Unternehmen hat Sie nur aus einem einzigen Grund eingestellt: Sie sollen helfen, Geld zu verdienen. Wenn Sie das nicht tun, steht Ihnen auch keine höhere Entlohnung zu. Das klingt hart, ist aber nur fair und auch völlig logisch.

Diese schonungslose Ehrlichkeit hat aber auch etwas Gutes. Sie können sich fortan überlegen, wie Sie dem Unternehmen zu mehr Geld verhelfen können. Wenn Sie also mehr Gehalt erhalten möchten, sollten Sie einen Mehrwert für Ihr Unternehmen erwirtschaften. Versuchen Sie herauszufinden, was Sie für das Unternehmen wert sind. Sehen Sie die Bilanzen Ihres Unternehmens ein und versuchen Sie zu erschließen, welchen Beitrag Sie dazu geleistet haben.

In den meisten Fällen bekommen Sie ein Viertel dessen, was Sie dem Unternehmen einbringen. Suchen Sie nach Möglichkeiten, nicht den Anteil, sondern den Umsatz oder, viel besser, den Gewinn zu erhöhen. Schaffen Sie es zum Beispiel, Ihre Arbeit schneller zu erledigen, haben Sie den Gewinn für Ihr Unternehmen bereits deutlich erhöht. Haben Sie eine Idee, wie das Unternehmen Geld sparen kann? Wenn ja, dann wird durch diese Maßnahme die Ausgabenseite gesenkt und der Gewinn gleichzeitig erhöht.

Egal was Sie machen: Achten Sie vor allem darauf, dass Sie auf der richtigen Seite des Spielfelds stehen. Was ist damit gemeint?

Worin sich alle Spitzenverdiener einig sind: Tun Sie, was Sie lieben. In einem Bereich, der Ihrem Talent und Ihrer Leidenschaft entspricht, haben Sie die größten Wachstumsmöglichkeiten. Das, was Sie gerne machen, machen Sie auch gut. Wenn Sie also derzeit nicht auf der richtigen Seite des Spielfelds stehen, quälen Sie sich nicht länger. Große Sprünge werden Sie dort nicht hinbekommen, beziehungsweise nur unter großen Schmerzen und der Gefahr, ins Burn- oder Bore-out zu fallen, wie so viele andere Arbeitnehmer.

Bitten Sie Ihren Chef lieber um eine Versetzung oder die Möglichkeit, andere Abteilungen kennenzulernen, statt nach mehr Geld in Ihrem bisherigen Job zu fragen. Wie schon Management-Legende Peter Drucker predigte: Stärken Sie Ihre Stärken. Qualifizieren Sie sich freiwillig in Ihrer Freizeit weiter. Wenn Sie jeden Tag in der Mittagspause in einem entsprechenden Buch lesen, werden Sie bald unersetzlich.

Wie so oft im Leben ist Vorbereitung bereits die halbe Miete. Es stimmt keinesfalls, dass Sie motiviert und selbstsicher in die Gehaltsverhandlung gehen müssen. Und schon gar nicht offensiv. Damit schaffen Sie vor allem eine Abwehrhaltung bei Ihrem Verhandlungspartner. Seien Sie sich gewiss, dass Ihr Chef mehr Erfahrungen im Verhandeln hat als Sie. Sie müssen nicht in eine bestimmte Rolle schlüpfen. Mit guten Argumenten hingegen können Sie immer punkten, auch wenn sie unsicher vorgetragen sind.

Wenn Sie eine Gehaltserhöhung anstreben, gehen Sie es subtil an und nehmen Sie sich ein paar Wochen Zeit. Lassen Sie gegenüber Ihrem Verhandlungspartner Bemerkungen fallen, welche Mehrwerte Sie in letzter Zeit für das Unternehmen gebracht haben. Stellen Sie beiläufig Fragen, ob es dem Unternehmen etwas bringen würde, wenn Sie weiterhin Mehrwerte schaffen (ja, das ist eine Suggestivfrage).

Haben Sie Ihre subtilen Argumente über ein paar Wochen platziert, bitten Sie um ein Strategiegespräch. Zeigen Sie in dem Gespräch auf, dass Sie sich aktiv Gedanken darüber machen, wie Sie für das Unternehmen wertvoller werden können, um dadurch mehr zu verdienen. Jetzt ist Ihr Chef in Zugzwang und wird Ihnen Argumente liefern, wie Sie künftig wertvoller sein können. Das wird Gehaltserhöhungen nach sich ziehen – das ist auch Ihrem Chef bewusst.

Gehen Sie stets auf die egoistischen Bedürfnisse des Gegenübers ein. Betrachten Sie die ganze Situation immer aus der Sicht des Unternehmens, niemals aus Ihrer eigenen. Je mehr Umsatz und Gewinn Sie für das Unternehmen einbringen, desto mehr sind Sie betriebswirtschaftlich wert. Suchen Sie also nach Bereichen in Ihrer Abteilung oder im ganzen Unternehmen, wo sich entweder Kosten einsparen lassen oder mehr Umsatz erzielt werden kann.

Viele Konzerne und Mittelständler haben dafür eigens Anreizprogramme geschaffen. Wer solche Potenziale aufdeckt, bekommt Gehaltserhöhungen oder Einmalprämien – manchmal im sechsstelligen Bereich. Gehen Sie mit offenen Augen durch den Betrieb. In manchen Büros sind Mitarbeiter eine Stunde pro Tag damit beschäftigt, zum Kopierer am Ende der Etage zu laufen. Machen Sie den Vorschlag, durch einen zweiten Kopierer massiv Zeit und Geld zu sparen. Betrachten Sie das Unternehmen einmal aus der Perspektive, als wäre es Ihr eigenes. Was würden Sie ändern? Die Potenziale sind unerschöpflich.

ZU WENIG SELBSTWERT IST NICHT GESUND

Es mangelt in unserer Gesellschaft an einer gesunden Portion Selbstwert. Ein bekannter Kommunikationsexperte stellt in seinen Seminaren immer wieder eine entscheidende Frage, um den Selbstwert seines Publikums herauszufinden. Er fragt, ob seine Zuhörer sich selbst sympathisch finden. Nur wenige melden sich. Oft sind es weit unter 50 Prozent, die sich selbst sympathisch finden. Das ist doch blanker Wahnsinn. Das ist der Ausdruck einer Gesellschaft, die dann die Egoisten als böse identifiziert, um sich selbst zu schützen. Das kann sich auf Dauer nicht positiv auf die eigene Lebensqualität auswirken.

Wir sind genau mit einem Menschen 24 Stunden am Tag zusammen, und das für den Rest unseres Lebens. Diese Person sind wir selbst. Und wenn wir diese Person nicht mögen oder sie nicht wertschätzen, dann haben wir unser ganzes Leben lang ein Problem. Aber es ist auch klar, dass, wenn wir uns selbst nicht sympathisch finden, wir uns nur beschränkt Gutes tun werden.

Wie bereits beschrieben, liegen die Gründe dafür in unserer Erziehung, in der Tendenz, dass wir uns selbst zurücknehmen sollen, um ein braves Kind und anschließend ein braver Erwachsener sein zu können. Wir bezahlen diesen Gehorsam mit unserer Selbstachtung. Ein viel zu hoher Preis, meiner Meinung nach.

Ein weiteres Beispiel aus meinem Alltag: In einem Hotel werde ich von der Bedienung beim Frühstücksbuffet an einen freien Vierertisch gesetzt. Ich brauche sowieso Platz zum Frühstücken, weil ich mich gerne ausbreite, daher kommt es mir ganz gelegen. Kurze Zeit später fragt eine Dame, ob noch ein Platz am Tisch frei wäre. Ich bestätige es ihr. Seltsamerweise setzt sie sich mir genau gegenüber. Das bedeutet, dass wir uns alle paar Sekunden ins Gehege kommen werden, was ich gar nicht mag. Ich frage sie, ob sie noch jemanden erwarte. Als sie mit nein antwortet, bitte ich sie, sich auf den anderen Platz zu setzen. Das tut sie auch. Ich habe es nicht begründet. Sie müssen sich nicht für jeden Ihrer Wünsche rechtfertigen. Denn es ist ja so, wer sich dauernd rechtfertigt, steht nicht zu seinen Gefühlen, Taten oder Wünschen. Im Endeffekt stehen Sie dann nicht zu sich selbst.

Sie müssen lernen, an sich zu denken. Die anderen können sich um sich selbst kümmern. Wenn andere sich entschieden haben, ihr Leben in Trance zu verbringen, ist das deren Problem, nicht Ihres. Sie können nicht die ganze Welt retten. Sehen Sie es doch so: Sie nehmen den Menschen die Möglichkeit, selbst zu wachsen, wenn Sie sich für andere aufopfern. Kinder, denen alles abgenommen wird, sind nicht darauf vorbereitet, wenn sie plötzlich Probleme bekommen. Lassen Sie Menschen an ihren eigenen Herausforderungen wachsen.

Deshalb denkt ein Egoist zuallererst an sich, seine Bedürfnisse und sein Wohlbefinden. Der russische Autor Grigorij Kurlov bringt diesen Umstand in seinem Buch *Der Weg zum Narren* sehr schön zum Ausdruck: »Denken wir an den Spruch: Rette dich selbst, und neben dir retten sich Tausende [...]. Wir werden von falschen Vorstellungen geleitet: Wenn ein Mensch Schmerzen hat, und Sie haben dafür gesorgt, dass der Schmerz verschwindet, haben Sie ihm real geholfen. Aber dieser Schluss ist fast immer fehlerhaft – manchmal müssen wir einfach einen Schmerz erleben, um bestimmte Schlüsse daraus für uns zu ziehen, uns einer Sache bewusst werden und in der Folge einen viel größeren Schmerz zu vermeiden. Schade natürlich, aber für den Menschen ist das der Haupt-, wenn nicht sogar der einzige Weg zu lernen.«[14]

Es ist wie beim berühmten Beispiel mit den Kindern und der Herdplatte. Egal, wie oft man sagt, dass die Hände auf einer heißen Herdplatte nichts verloren haben, viele Kinder müssen die Erfahrung selbst machen, dass übermäßige Hitze nicht förderlich für das eigene Wohl ist. Glücklicherweise gibt es heutzutage schon viele Induktionsherde, die nicht heiß werden. Andererseits werden Kinder einfach Hitzeerfahrungen in anderen Bereichen machen, um das Phänomen Hitze und Schmerz zu verstehen.

Sie denken ab jetzt bitte einzig und allein an Ihren eigenen Vorteil und Ihr Wohlbefinden. Sie kommunizieren Ihre

Wünsche klar und deutlich und haben die Erwartungshaltung, dass man Ihren Wünschen auch dementsprechend nachkommt. Wenn Sie sich um sich selbst sorgen, brauchen Sie sich keinesfalls schlecht zu fühlen. Wir sind uns alle selbst am nächsten, das ist völlig natürlich, auch wenn die Gesellschaft uns etwas anderes einreden möchte. Nur wenn Sie sich selbst etwas wert sind, können Sie auch den Wert des Gegenübers schätzen.

Selbstwert kann sich ebenfalls im Geldwert widerspiegeln. Hier eine kleine Geschichte dazu: Ein Unternehmer hatte große finanzielle Schwierigkeiten. Er hatte trotzdem das Bedürfnis, zu spenden. Aber er hatte nichts als Schulden. Er fragte einen der größten Wohltäter der USA, der so reich war, dass er 80 Prozent seiner Einkünfte spendete und immer noch mehr Geld hatte, als er je würde ausgeben können. Der Unternehmer erhoffte sich, eine Lösung von diesem Wohltäter zu hören. Und die bekam er, aber sie klang anders, als er erwartet hatte. Seine Antwort war: »Setze Prioritäten. Am wichtigsten: Zahle deine Steuern. Sonst gehst du ins Gefängnis. Dann gib alles, was du kannst, deinen Gläubigern, um die Schulden so schnell wie möglich zurückzuzahlen. Dann spare etwas. Und erst dann spendest du einen Teil«.

Das ist ein mehr als vernünftiger Rat. Denn wenn man die Reihenfolge ändert, kann dies ganz schnell zu großen Problemen führen. Kurzfristig fühlt man sich vielleicht besser, weil man seinen Mitmenschen mit etwas Geld geholfen hat. Doch langfristig könnte genau dieses Verhalten dazu führen, dass Sie von anderen Menschen abhängig werden, wenn Sie Ihre eigenen Schulden nicht mehr bedienen können. Wenn

Sie zuerst an Ihr eigenes Wohl denken, können Sie langfristig eine Basis aufbauen, um bedürftigen Menschen unter die Arme zu greifen.

VORBEREITUNG IST DIE HALBE MIETE

Bereiten Sie sich auf Niederlagen vor. Piloten trainieren stets den Ernstfall. Obwohl kein Pilot jemals einen Triebwerksausfall oder Strömungsabriss erleben möchte, trainiert er doch immerzu den Ernstfall, um im Notfall besonnen reagieren zu können.

Wenn Sie vorbereitet sind, dann können Sie Herausforderungen auch annehmen, denn diese machen Sie stärker und widerstandsfähiger. Wie ich bereits in meinem Buch *Erfolg – Was Sie von den Super-Erfolgreichen lernen können* geschrieben habe, kann man durch Widerstände nicht nur Muskeln wachsen lassen, sondern auch seinen Geist.[15] Umgekehrt heißt dies natürlich, wenn Sie ein mutloses und herausforderungsarmes Leben in Ihrer Komfortzone fristen, dann gibt es keine Wachstumsanreize für Sie. Herausforderungen und Widerstände sind nicht dazu da, Sie verzweifeln zu lassen. Im Gegenteil, sie helfen dabei, sich dem Zweifel entgegenzustellen. Wenn Sie selbstsicher genug sind, dann können Sie diese Widerstände freudig empfangen.

Dazu passt eine Geschichte von Arnold Schwarzenegger. Im Training lächelte er stets, wohingegen andere Bodybuilder bei der jeweiligen Übung lediglich die Mienen verzogen. Je mehr Gewicht Arnold jedoch auflegte und je mehr seine Muskeln aufgrund der Anspannung schmerzten, desto breiter wurde sein Grinsen. Seine Mitstreiter fragten ihn, warum er so gut aufgelegt sei. Er antwortete: »Weil jeder Schmerz und jede Übung mich ein Stück näher an mein Ziel bringen!«

Eventuelle Niederlagen sind ein natürlicher Teil des Prozesses, der sich »persönliches Wachstum« nennt: »Auch die vermeintlichen Niederlagen sind wichtig, um besser und klüger zu werden. Der Druck, der durch Probleme und Misserfolge entsteht, presst wie bei der Entstehung eines Diamanten das Wertvolle stärker zusammen. So entsteht aus vielen Bausteinen am Ende etwas Großartiges.«[16] Die Angst erfüllt dabei eine wichtige Aufgabe – sie zeigt oftmals an, wann Sie sich tatsächlich aus Ihrer Komfortzone herausbewegen und wo die größten Chancen für Ihre Entwicklung liegen.

GESUNDE EGOISTEN KÄMPFEN NICHT GEGEN SICH SELBST

Egoisten wehren sich nicht nur dagegen, sich dem Willen anderer zu beugen, sie weigern sich auch, negativen Emotionen nachzugeben. Die Angst zu versagen oder übertriebener Stolz können uns in eine bestimmte Richtung drängen, die dem langfristigen Sieg im Weg steht. Darum hüten sich Egoisten nicht nur vor äußeren Zwängen, sondern auch vor inneren. Egoisten sind deshalb im Gegensatz zu Egomanen sehr reflektiert. Sie wissen, dass eine gute Reflexion die halbe Miete ist, um ans Ziel zu kommen.

Egoisten sind gute Menschen. Aber ebenso gibt es Egoisten, die schlechte Menschen sind. Egoisten werden gerne allgemein als böse bezeichnet. Das allerdings gleicht dem Vorwurf, alle Muslime seien gewalttätig oder gar Terroristen. Dem ist nicht so, aber es gibt natürlich auch gewalttätige Muslime. Ein Generalverdacht hilft niemandem.

Wenn wir es in letzter Konsequenz durchdenken, können schlechte Menschen gar keine wirklichen Egoisten sein. Denn wer andere betrügt oder übervorteilt, der schadet seinem eigenen Ruf und seinem eigenen Selbstwertgefühl. Er wird sehr schnell ganz allein auf weiter Flur stehen. Langfristig rächt sich dieses Vorgehen und fällt auf denjenigen zurück wie ein Boomerang. Es ist nur eine Frage der Zeit.

Sich selbst zu schaden ist für einen gesunden Egoisten keine Option. Wer sich selbst liebt, hat es nicht nötig zu betrügen. Nur wer sich seiner Sache oder sich selbst nicht sicher ist, muss zu unlauteren Mitteln greifen.

DER NUTZEN ANDERER ZÄHLT

An dieser Stelle muss man sehr vorsichtig sein. Natürlich »ge-brauche« ich Menschen, um meinen eigenen Zielen näherzukommen. Im Umkehrschluss »ge-brauchen« mich diese Menschen aber ebenso, um an ihre eigenen Ziele zu kommen. Ob Sie es sich eingestehen oder nicht, bei Ihnen ist dies doch genauso. Sie benutzen andere Menschen sowohl im beruflichen als auch im privaten Bereich. Das ist völlig normal. Wir müssen uns vom romantischen Glauben der Bedingungslosigkeit und des Altruismus verabschieden, denn dieser bringt nur Leid, wie wir gesehen haben.

Ein Arbeitgeber nutzt seine Angestellten, um ein gewisses Betriebsergebnis einzufahren. Der Angestellte nutzt seinen Chef, um ein angemessenes Honorar einstreichen zu können. Alles muss in einem für alle vernünftigen Rahmen bleiben. Wie groß dieser Rahmen ausfällt, muss jedoch von jedem Menschen selbst erkundet werden. Es gibt keine fixen Rahmengrößen. Das ist Ihre Aufgabe als guter Egoist, einen Rahmen zu definieren, der Ihnen am meisten weiterhilft, und dies auf Dauer. Denn nur über nachhaltige Beziehungen und Arrangements werden Sie Ihre hochgesteckten Ziele auch erreichen können. Jedes andere Vorgehen wird ohne Erfolg bleiben.

Wenn der Chef nun seine Angestellten übermäßig ausnützt, werden diese nicht lange seine Angestellten bleiben und er erreicht seine Unternehmensziele nicht oder sehr viel langsamer als mit den kompetenten Angestellten, weil er neue Mitarbeiter einstellen muss. Wenn er ihnen zu wenig bezahlt, spart er zwar kurzfristig, aber langfristig könnte diese Strategie zum Untergang seines Unternehmens beitragen. Das bedeutet im Umkehrschluss aber nicht, dass er seine Mitarbeiter mit Geld überhäufen sollte, denn auch dieses Verhalten kann sich negativ auf das Unternehmen und dessen Zukunft auswirken. Wichtig ist, das richtige Maß zu finden.

Für die Angestellten, die sich einen faulen Lenz machen, gilt dasselbe. Sie werden ihren Job nicht lange behalten, wenn sie den Chef übervorteilen. Damit würden sie sich ins eigene Knie schießen. Es gilt immer, die kurzfristigen von den mittel- und langfristigen Zielen zu unterscheiden. Was kurzfristig verlockend erscheint – zum Beispiel bei der Arbeit eine ruhige Kugel zu schieben –, kann langfristig in Arbeitslosigkeit münden. Umgekehrt gilt genau das Gleiche – wer seine Angestellten überfordert, hat zwar kurzfristig gute Ergebnisse, nur langfristig werden die Mitarbeiter ausgelaugt und keine Arbeit mehr verrichten.

EGOISTEN SIND NIE SÜCHTIG

Egoisten wollen frei sein. Sie möchten ein Leben in Freiheit und Selbstbestimmung leben. Ganz im Gegensatz zu einem Süchtigen. Ein Abhängiger braucht etwas unbedingt, ohne Rücksicht auf die Konsequenzen. Er handelt irrational und wird durch sein Handeln niemals glücklich. Ein Egoist ist stets Herr seiner selbst und wird sich nie in eine Abhängigkeit begeben. Er verzichtet lieber auf etwas, statt ihm willenlos ausgeliefert zu sein. Das kann Geld sein, es kann aber auch die Anerkennung von anderen Menschen sein. Er agiert nach seinem eigenen Willen. Wenn jemand nach der Anerkennung von außen giert, ist er nicht bei sich selbst, sondern benötigt zusätzliche Dinge, um Glück zu empfinden. Der Egoist braucht jedoch niemanden, um wahres Glück zu empfinden.

Unsere Gesellschaft ist darauf ausgerichtet, Abhängigkeiten zu erzeugen. Denken Sie nur an die Werbeindustrie. Es kann die Sucht nach Essen, die Sucht nach Macht oder aber auch die Sucht nach sozialem Status sein. Der Egoist befreit sich von solchen Elementen und gibt sich keinerlei Eitelkeiten hin, da diese doch nur wieder Ausdruck von Abhängigkeiten wären. Er erhebt sich darüber und handelt nach seinen eigenen Vorstellungen.

Dies bedeutet nicht, dass der Egoist gutes Essen nicht genießen kann. Im Gegenteil, er gibt sich dem Genuss voll und ganz hin. Doch er macht sich nicht abhängig davon. Er begreift sich als Herrscher über sein Leben und entscheidet selbst, welchen Gelüsten er wann und in welchem Ausmaß nachgeben möchte. Dabei lässt er sich nicht von außen beeinflussen. Weder vom Applaus noch von Buhrufen seines Umfelds. Er tut, was er für richtig hält, und stellt sich dies als falsch heraus, sucht er ohne Umschweife einen anderen Weg.

EGOISTEN RICHTEN SICH NICHT NACH TRENDS

Ihr Umfeld wird ständig versuchen Ihnen einzureden – direkt oder zwischen den Zeilen –, dass Sie sich nach bestimmten Trends richten müssen. Ein gutes Beispiel dafür ist das Thema Mode.

Man hat mich persönlich schon oft, sogar öffentlich, dafür kritisiert, dass ich immer dasselbe Outfit trage. Ich solle mich doch mal von einer anderen Seite zeigen und für visuelle Abwechslung sorgen. Ein anderes Hemd hier, eine andere Hose da. Das gehöre sich so für einen Mann der Öffentlichkeit. Aber ich denke gar nicht daran, mir vorschreiben zu lassen, was ich tragen soll. Ich persönlich fand es vor vielen Jahren eine sehr interessante Idee, einfach immer dasselbe Outfit zu tragen. Andere wie Mark Zuckerberg, Steve Jobs oder Karl Lagerfeld haben es vorgemacht. Auch diese Herren glänzen nicht durch Abwechslung. Sie alle haben sich konsequent für einen Stil entschieden und tragen ihr Outfit höchstwahrscheinlich, weil sie sich darin wohlfühlen. Es ist eine Form von Disziplin. Sie haben herausgefunden, was gut ist, und sind dabei geblieben. Es ist unheimlich effizient, morgens nach dem Aufstehen immer genau zu wissen, was man anzieht. Mir persönlich gefällt das Outfit mit einer beigen Hose, einem blauen Hemd und einem dunkelblauen Sakko. Und wie Sie merken, wird mir dieses Ensemble auch nie langweilig. Ich trage es nun seit über zehn Jahren. Und es gibt für mich keinen einzigen logischen Grund, etwas anderes anzuziehen. Jeden Tag, wenn ich mich im Spiegel begutachte, denke ich: »Das sieht gut aus.« Nur darauf kommt es mir an. Ich will niemanden anders damit glücklich machen außer mich selbst. Beobachten Sie doch den Großteil der Menschen. Sie werden von der allgemeinen Meinung der Gesellschaft eingekleidet. Sie lassen sich von Trends vorschreiben, was sie anzuziehen haben. Wie eine Uniform. Eine Uniform für brave Bürger.

An diesem Punkt geht es nicht darum, Dinge anders zu tun, nur um es anders als alle anderen zu machen, sondern es ist eine persönliche Überzeugung. Sonst wäre es auch nicht authentisch und schon gar nicht egoistisch. Es würde bedeuten, dass man sich indirekt wieder einer Konvention unterwirft.

EGOISTEN MISSTRAUEN SICH SELBST

Ihre innere Stimme hat nicht immer recht, denn sie speist sich aus Erlerntem und Erlebtem. Einfach ausgedrückt sind es zwar auf der einen Seite Ihre eigenen Schlüsse, auf der anderen Seite aber auch Gedankenfetzen anderer Menschen Ihres Umfelds, zum Beispiel aus den Medien. Diese Gedanken müssen demnach nicht korrekt sein oder zumindest nicht auf Sie zutreffen. Ein Egoist stellt also durchaus seine eigene innere Stimme infrage, denn sie ist zu einem großen Teil fremdbestimmt.

Der indische Philosoph Osho bringt diesen Umstand sehr gut auf den Punkt: »Weshalb mischt sich dein Verstand überhaupt ein? Weil dein Verstand, dein Denken von der Gesellschaft erzeugt wurde. Er ist der Vertreter der Gesellschaft in dir; er steht nicht zu deinen Diensten, vergiss das nicht. Es ist zwar dein Verstand, aber er steht nicht zu deinen Diensten. Er ist Teil einer Verschwörung gegen dich. Die Gesellschaft hat ihn konditioniert, sie hat dir viele Dinge in den Kopf gesetzt. Es ist zwar dein Verstand, aber er ist nicht mehr dein Diener, sondern fungiert als Diener der Gesellschaft.«[17]

In der Persönlichkeitstheorie des Soziologen George Herbert Mead wurde wissenschaftlich untermauert, wie dieser Vorgang abläuft. Mead geht davon aus, dass unsere Persönlichkeit aus mehreren Komponenten besteht (I, me, self). Wir sind dem Aberglauben verfallen, dass wir alleine (I), Entscheidungen treffen. Dem ist aber nicht so. Der generalisierte Andere (me oder das soziale Selbst) hat maßgeblich ein Wörtchen mitzureden. Es umfasst die Vorstellung von dem Bild, das andere von uns haben, und die Verinnerlichung ihrer Erwartungen an uns. Es ist die Bewertungsinstanz für die Strukturierung der spontanen Impulse des »Ich«.

Wir tragen also alle ein großes Stück Erziehung, Tradition und Gesellschaft in uns. Die ständige Kommunikation zwischen diesen beiden Instanzen mündet in folgenden Fragen:

- Was würde wohl mein Vater, meine Mutter, mein Freund dazu sagen?
- Gehört sich das?
- Was sollen die Nachbarn denken?
- Ist dies angemessen?
- Etc.

Zu betonen ist, dass diese inneren Auseinandersetzungen selten bewusst stattfinden. Durch die jahrzehntelange Indoktrination läuft diese Konfrontation unbewusst ab. Die Entscheidung nennt man dann das »Selbst« (self). Je mehr Macht man dem sozialen Selbst gibt, desto mehr begibt man sich in Abhängigkeit, desto mehr möchte man anderen gefallen, desto mehr Freiheit gibt man auf. Man tauscht kurzfristige Glücksgefühle der gesellschaftlichen Konformität gegen langfristige Unzufriedenheit.

EGOISTEN HABEN KEINE ANGST VOR DEM TOD

Ihr oberstes Ziel sollte es sein, Glück zu empfinden. Und zwar jeden einzelnen Tag. Denken Sie dafür öfter mal ans Sterben. Was wäre, wenn Ihnen Ihr Arzt sagen würde, dass Sie morgen nicht wieder aufwachen werden? Wie würden Sie sich in diesem Moment fühlen? Sind Sie glücklich, haben Sie ein zufriedenes und erfülltes Leben gelebt? Haben Sie alles angepackt, was Sie sich vorgenommen hatten? Besonders interessant in diesem Zusammenhang ist das Buch von Bronnie Ware mit dem Titel: *5 Dinge, die Sterbende am meisten bereuen: Einsichten, die Ihr Leben verändern werden.* Die Autorin arbeitete acht Jahre lang als Palliativkrankenschwester und hat ihre Einsichten in diesem Buch verarbeitet. In dieser Zeit hat sie sterbende Menschen begleitet und zugehört, was diese über ihr Leben denken. Herausgekommen sind vor allem fünf Punkte, die in den Gesprächen mit verschiedenen Sterbenden immer wieder auftraten:

1. »Ich wünschte, ich hätte den Mut gehabt, mein eigenes Leben zu leben.«
2. »Ich wünschte, ich hätte nicht so viel gearbeitet.«
3. »Ich wünschte, ich hätte den Mut gehabt, meine Gefühle auszudrücken.«
4. »Ich wünschte mir, ich hätte den Kontakt zu meinen Freunden aufrechterhalten.«
5. »Ich wünschte, ich hätte mir erlaubt, glücklicher zu sein.«

Gut, man kann einwenden, dass es sich hier um eine Extremsituation handelt. Doch ich bin mir sicher, dass es genau diese Extremsituation ist, welche die notwendige Reflexionsfähigkeit erst ermöglicht. Es gibt wohl kaum eine Situation, in der man sich ehrlicher über sein eigenes Leben äußert als am Ende desselbigen.

Sie sehen, dass bei jeder Aussage das »Ich« und seine Wünsche sehr stark zum Vorschein kommen. Im Endeffekt drückt jeder Satz aus, dass die Personen egoistischer hätten sein müssen. Den Mut, das eigene Leben zu leben, kann nur jeder für sich selbst in die Tat umsetzen. Denn schließlich muss auch jeder Mensch für sich entscheiden, wie das eigene Leben idealerweise aussehen soll. Der Wunsch, weniger zu arbeiten, kann unterschiedlich gedeutet werden. Entweder wurde die Arbeit im Nachhinein als sinnlos erkannt oder das Privatleben litt massiv darunter. Anscheinend konnten die egoistischen Wünsche nicht ausgelebt werden, sonst würde die Arbeit nicht bereut werden.

Die Scham, die eigenen Gefühle zum Ausdruck zu bringen, spiegelt die internalisierte Tradition und Konvention der Gesellschaft wider, den starken Max zu spielen und sich nichts anmerken zu lassen. Egoisten suchen sehr wohl die Nähe zu anderen Menschen, sie suchen auch nach Verbundenheit, aber nicht als Kompensationsprozess, sondern aus der Fülle heraus.

Der Wunsch nach Kontakt mit Freunden schlägt hier in dieselbe Kerbe. Doch wahrhaft interessant ist die fünfte Erkenntnis. Menschen sehen ein, dass sie sich selbst im Weg gestanden haben, weil sie sich ihr eigenes Glück nicht gegönnt haben. Das ist doch wahrlich ironisch und gleichzeitig traurig. Wir selbst haben es in der Hand, für unser Glück zu sorgen. Hier sind wir selbst in der Pflicht und niemand sonst.

Ich habe keine Angst vor einem frühen Tod, denn ich bin ein glücklicher Mensch, der all die Chancen genutzt hat, die sich boten. Und jeden Tag versuche ich, alles herauszuholen, was möglich ist. Denn die meisten Menschen leiden am Ende ihres Lebens an Reue. Sie bereuen, doch so vieles nicht getan zu haben. Und dies trifft keineswegs nur auf Otto-Normal-Verbraucher zu. Auch sehr erfolgreiche und bekannte Persönlichkeiten müssen sich mit diesen Problemen auseinandersetzen.

Als ich mit dem Schauspieler Sky du Mont über das Älterwerden sprach, sagte er mir: »Irgendwann kommt der Punkt, an dem man sich sagt, ich habe mich mit so vielen Dingen, Menschen und, gerade in meinem Beruf, mit so vielen Festivitäten und Veranstaltungen abgegeben, die ich eigentlich nicht wollte. Da wollte ich gar nicht hingehen und mit den Leuten wollte ich überhaupt nicht den Abend verbringen. Man macht ja so viele Dinge im Leben, die man eigentlich nicht machen möchte. Und da muss irgendwann mal der Punkt kommen, an dem man sich sagt: Nein, brauche ich nicht.«[18]

Erschreckend sind die Gründe dafür, warum man nicht getan hat, was man eigentlich wollte. Hört man genau hin, war es stets die Angst vor dem Urteil anderer. Wie können wir anderen Menschen nur so viel Macht über unser eigenes Leben geben? Menschen, die es immer allen recht machen wollen, bestrafen sich selbst am meisten.

EGOISTEN SIND IRRITATIONEN DES UMFELDS EGAL

Ihr Ziel als gesunder Egoist muss es sein, diesen fremd- und selbstbestimmten Wertekanon, anhand dessen wir Entscheidungen treffen, Stück für Stück zu entwirren. Das ist, vor allem am Beginn Ihrer Reise, anstrengend und verlangt oftmals ein dickes Fell. Sie müssen bedenken, dass Ihr Umfeld es gewohnt ist, dass Sie nach dessen Pfeife tanzen. Dies löst Irritationen auf vielen Ebenen aus. Haben Sie Nachsicht mit Ihrem Umfeld.

Insgeheim bewundern Menschen andere Menschen, die ihren eigenen Weg gehen. Sie können es nur nicht immer zugeben, weil sie sich dann eingestehen würden, mit ihrem eigenen Handeln falschzuliegen. Diese Einsicht kann zu Frust und Wut führen. Lassen Sie sich nicht darauf ein! Jeder ist für sich selbst verantwortlich. Sie haben nichts mit den Gefühlen anderer Menschen zu tun. Eine Handlung oder Aussage von Ihnen kann viele Emotionen hervorrufen, die Sie nicht steuern können. Ich erlebe ständig, dass Menschen meine Weltsicht nicht nachvollziehen können, weil sie scheinbar gegen alles verstößt, woran sie glauben. Auf YouTube gibt es die werktägliche Reality-Video-Serie »Backhaus Daily«, die meinen Geschäftsalltag zeigt. Dort werde ich mit einer Kamera begleitet, wie ich meinen Alltag bewältige, und ich trage die ganze Zeit ein Mikrofon am Revers, damit meine Worte auch gehört werden können. Es zeichnet also auch Gespräche auf, die weiter entfernt stattfinden. Die Kamera filmte mich einmal bei einem Gespräch mit zwei Mitarbeitern, als ich über einen Vorfall berichtete, der mir zuvor am Tag widerfahren war. Ein sehr schmutziger Obdachloser, offensichtlich alkoholisiert, zupfte am Bahnhof an mir herum und wollte Geld. Ich äußerte mich abfällig über die Situation und auch über den aufdringlichen Obdachlosen. Ich hasse es, angefasst zu werden, und von solchen Händen erst recht. Bakterien und Schmutz sind eine Form negativer Energie, die ich nicht zulasse. Ich fasse auch keine Türgriffe an, zumindest nicht mit der Hand. Ich will all diesen Mikroschmutz nicht an mir haben. Das ist meine Lebenseinstellung und das wird auch so bleiben. Ich muss es nicht akzeptieren. Alles, was gegen meinen Willen geschieht, ist eine Form der Misshandlung. Und die unterbinde ich genau da, wo sie beginnt. Jeder sollte das tun.

Der interessante Teil kommt aber erst: Am Ende des Tages wurde der Film geschnitten und der Producer fragte, ob auch der Teil mit der Unterhaltung gesendet werden darf. Ich hatte keine Einwände. Schließlich spiegelte es meine Meinung und mein Leben wider. Als die Sendung veröffentlicht wurde, sorgte sie für einen Shitstorm. Die Menschen waren empört und machten ihrem Ärger Luft. Sie beschimpften mich für meine Äußerungen und fragten, was ich nur für ein Mensch sei. Das machte mir nichts aus. Ganz im Gegenteil, es amüsierte mich köstlich. Erinnern Sie sich an den Meinungsknopf? Alle Schafe fangen an zu blöken? Genau diese Situation wurde ausgelöst. Jemand äußert sich in einer Weise, die dem gesellschaftlichen Konsens widerspricht, und der Meinungsterror nimmt seinen Lauf. Menschen mögen es nicht, wenn Sie aus der Reihe tanzen. Das erschüttert ihre Weltsicht.

Es hagelte nicht nur Kritik, sogar Geschäftsbeziehungen wurden abgebrochen. Die Gegenseite hatte gefordert, dass ich mich öffentlich entschuldige, sonst würde man die Zusammenarbeit mit mir beenden. Ich habe erklärt, dass ich nicht lügen würde. Ich stünde zu jedem Wort, das ich gesagt hätte. Von daher sei es mir unmöglich, die Worte zurückzunehmen. Es war mir in dem Fall auch völlig gleichgültig, ob die Beziehung beendet würde. Ich bin gerne bereit, den Preis für meine Freiheit und Ehrlichkeit zu bezahlen.

DER GRÖSSTE EGOIST KANN AUCH DER GRÖSSTE PHILANTHROP SEIN

Jeder kennt den 1955 in Seattle geborenen William »Bill« Henry Gates III. Bereits als Zwanzigjähriger widmete er sich voll und ganz dem Aufbau seiner Firma Microsoft Corporation. Es herrscht eine beinahe 100-prozentige Wahrscheinlichkeit, dass Sie in Ihrem Leben mindestens einmal ein Produkt von Bill Gates benutzt haben, höchstwahrscheinlich ist dies sogar täglich der Fall.

Diese Marktdominanz hat er seiner gnadenlosen Einstellung zur Konkurrenz zu verdanken. Viele erkennen in Bill Gates nämlich nicht den großartigen Erfinder verschiedener Softwareprodukte, sondern vor allem jemanden, der Ideen kopiert hat und dann eine ausgeklügelte Marketingkampagne ins Laufen brachte. Diese Strategie hat Microsoft eine Monopolstellung in sehr vielen Bereichen beschert, die Gates auszunutzen wusste. In Sachen Software zeigte Microsoft schon seit 1992 einen zunehmend aggressiveren Stil: Gates versuchte nun, seine eigenen Programme so zu konfigurieren und zu verkoppeln, dass die Nutzung von Konkurrenzprodukten, die nicht mit Microsoft kooperierten, erschwert oder sogar verhindert wurde. Wer ab Mitte der Neunzigerjahre noch Software in großem Maßstab verkaufen wollte, musste diese auf Windows zuschneiden.

Die US-amerikanische Justizbehörde wurde auf diese Praktiken bereits 1998 aufmerksam und leitete dementsprechende Verfahren gegen den Konzern ein. Sogar eine Zerschlagung des Konzerns wurde erwogen, um der Konkurrenz wieder Chancen einzuräumen. Dazu kam es schlussendlich dann doch nicht.

Bill Gates galt also nie als Saubermann, und seine unlauteren Praktiken wurden immer bekannter. Niemand formulierte dies treffender als Larry Ellison, Chef von Oracle und in den Neunzigern Gates' großer Gegenspieler: »Bill geht hinaus und sucht systematisch nach guten Ideen, die man stehlen könnte. Das ist ein absolut verständliches Benehmen. Es hat ihn sehr erfolgreich gemacht. Aber dann beansprucht Bill nach und nach Anerkennung für die gestohlenen Ideen. Er beginnt wirklich zu glauben, dass diese Ideen tatsächlich seine eigenen waren.«[19]

Gates leitete die Firma bis zum Jahr 2000 und übergab dann das Steuer an Steve Ballmer. Bill wechselte in den Aufsichtsrat, dessen Vorsitz er übernahm. Somit nahm er sich aus der medialen Schusslinie. Heute, nachdem er sich von seiner eigenen Firma zurückgezogen hat, wird sein Vermögen auf knapp 100 Milliarden (!) Euro geschätzt und er ist, hinter dem Amazon Gründer Jeff Bezos, der zweitreichste Mensch der Welt. Im Internet gibt es sogar einen »live counter«, der den Zuwachs seines Vermögens sekundengenau berechnet.[20]

Bill Gates verdient durch Zinseinnahmen demnach an die 77 Euro pro Sekunde, was zu einem Stundenlohn von 278.000 Euro führt. Mehr Geld, als tatsächlich jemand ausgeben kann. Für einen Normalsterblichen sind solche Summen unvorstellbar. Verdient hat er sich das Geld mit knallhartem Kapitalismus und durch das rücksichtslose Ausnutzen seiner Marktdominanz.

Nach seinem Rückzug von Microsoft hatte er ein neues Ziel. Er las einen Artikel darüber, dass immer noch Hunderttausende Menschen in armen Ländern an Infektionen und vermeidbaren Krankheiten sterben. Er sprach mit seiner Frau Melinda über diese unsagbaren Ungerechtigkeiten auf dem Planeten und dass niemand sich diesem Missstand in ausreichendem Ausmaß annehme. Daraufhin beschlossen sie gemeinsam, die Bill & Melinda Gates Stiftung zu gründen und ihr Privatvermögen bereitzustellen. Bis heute haben sie fast 40 Milliarden gespendet und über 50 Milliarden über die Stiftung bereitgestellt. Bis zu seinem Lebensende will Gates nahezu sein ganzes Vermögen spenden. Schon heute ist die Bill & Melinda Gates Stiftung die größte Stiftung der Welt. In der Netflix-Doku »Der Mensch Bill Gates« wurde er gefragt, welches Ziel er mit der Stiftung verfolge. Er nannte einen für Gates typischen Begriff: Optimieren. Er betrachte Missstände und wolle sie optimieren. Menschen in Slums haben keine Kanalisation und sterben an den daraus resultierenden Infektionen. Also sucht Gates nach Lösungen, um dort sanitäre Einrichtungen zur Verfügung zu stellen. Kinder infizieren sich mit Polio, das in allen Industriestaaten ausgerottet wurde. Gates lässt Millionen Bedürftige impfen.

Auch wenn es sich nicht so liest: Bill Gates ist das perfekte Beispiel für einen Egoisten. Weshalb? Weil er ein Egoist ist, der genug hat, um alles herzugeben. Er kann es sich leisten, die Probleme anderer zu lösen, denn er hat zuvor seine eigenen gelöst. Er ist nicht abhängig oder gar süchtig nach Geld. Er kann es loslassen und Gutes bewirken. Trotzdem geht er dabei äußerst überlegt vor und handelt nicht naiv. Nicht jeder, der vor seiner Türe steht, bekommt Geld. Er hat sich zusammen mit seiner Frau einer Agenda verschrieben und fokussiert sich diszipliniert auf diese Ziele.

EGOISMUS UND ERFOLG

In meinem Erstlingswerk *Erfolg – Was Sie von den Super-Erfolgreichen lernen können* habe ich aufgezeigt, dass jeder erfolgreich sein will – auf seine individuelle Art und Weise. Da stellt der Egoist keine Ausnahme dar. Und er weiß sehr genau, worauf er sich einlässt. Er ist sich bewusst, dass er dafür einen Preis zahlen muss. In der Regel ist dieser Preis hoch und im Voraus fällig. Je höher der angestrebte Erfolg, desto höher ist auch der Preis, den er bezahlen muss. Egoisten wissen, dass es nichts umsonst gibt, und sind bereit, auf Dinge zu verzichten, um erfolgreich zu sein. Das kann in Form von Geld passieren oder aber in Form von Zeit, Partnerschaft oder Gesundheit.

Ein anschauliches Beispiel dafür, dass man den Preis für Erfolg bereits in jungen Jahren entrichten muss, ist der Welterfolg der deutschen Band »Tokio Hotel«. Von Kindheit an waren die beiden Kaulitz-Brüder von der Musik fasziniert. Schon bald gründeten sie ihre erste Band »Black Questionmark«, mit der sie bei kleinen Festlichkeiten auftraten. Schon zu dieser Zeit zeigte sich, wie detailversessen sie in ihren Kompositionen waren und wie unangepasst, was ihr Äußeres betrifft. Sie können sich bestimmt noch an die Schminke und ihre Frisuren erinnern. Doch vor allem waren sie eins: freiheitsliebend.

Genau diese Freiheitsliebe sorgte für Konflikte mit dem Plattenlabel Sony BMG, das sogar den Vertrag mit der aufstrebenden Band kündigte. Das Label »Universal« wurde somit die neue, musikalische Heimat der Band, die fortan Tokio Hotel hieß. Danach folgte der große Durchbruch, der in mehreren Platin-, Doppelplatin- und Dreifachgold-Alben mündete. Auszeichnungen wie Bambi, Echo, World Music Award und MTV Award folgten. Die Band verkaufte über zehn Millionen Alben und tourte durch die ganze Welt. Sie wurden tatsächlich reicher als reich.

Es ging den Jungs nicht primär um das Geld, sondern um die Erfüllung ihrer Leidenschaft. Sie liebten die Musik. Sie wollten ihre Songs nicht nur für sich selbst im Keller spielen, sie wollten mit anderen zusammen feiern. In der Folge ihres Erfolgs traten sie auf den größten Bühnen der Welt auf und jeder Mensch, der sich in irgendeiner Weise mit Musik beschäftigte, kannte ihre Gesichter. In diesem Stadium der Prominenz bezahlt man den Preis für Erfolg im Showbusiness mit der Privatsphäre. Die Jungs konnten bald das Haus nicht mehr verlassen, weil es von Fans und Medien belagert wurde. Ihre Anhänger schlugen tatsächlich Zelte in ihrem Vorgarten auf. Waren sie doch mal nicht daheim, weil sie Konzerte spielten, brachen die Verehrer bei ihnen ein und durchwühlten ihre Unterwäsche. Dennoch behielten Bill und Tom einen kühlen Kopf – obwohl sie noch so jung waren – und trafen eine Entscheidung: Wir ziehen um. Nach Los Angeles. Dort kannten sie die Leute zwar, aber der Kult war nicht so extrem. Denn sie wollten wieder echte Musik machen, fernab vom Kommerz, und ein erfülltes Leben leben – alles nach ihren eigenen Vorstellungen.

Als ich mich mit Bill und Tom in Berlin traf, wollte ich wissen, was der große Reichtum in so jungen Jahren bei ihnen bewirkt hat.

Bill: »Ich fand an Geld immer schön, dass es einem Freiheit geben kann. Wir wollten nie abhängig von jemandem sein, auch schon, als wir ganz jung waren. Wir hatten schon immer ein Autoritätsproblem. Wir haben immer sehr darum gekämpft, alles mitzubestimmen. Wir waren bei den Firmen immer unbeliebt, wir waren immer die komplizierte Band. Aber aufgrund unseres Erfolgs konnten wir uns das leisten.«[21]

Bill und Tom sind ein gutes Beispiel dafür, was es heißt, die Zügel zu jeder Zeit in der Hand zu behalten. Ihr eigenes Wohl und ihre kreative Entfaltung waren ihnen wichtiger als die oberflächlichen Vorzüge, in Deutschland Superstars zu sein. Alles hat seine Zeit, alles hat seinen Platz. Aber Sie müssen stets Herr der Lage sein und sich fragen, ob Sie den Preis zahlen wollen und ob es Ihnen das wert ist.

Letztlich möchte jeder im Leben seine Ziele erreichen. Und um diese Ziele zu erreichen, sind diverse Faktoren und Etappen nötig. Wir müssen uns eingestehen, dass jeder eine Agenda verfolgt und dafür Eier in sein eigenes Körbchen legen muss. Wir sollten das nicht missgünstig betrachten, sondern es wertschätzen. Jeder will etwas bewirken. Die Natur ist immer auf der Suche nach Balance. Da wir Teil der Natur sind, geht es uns nicht anders. Wer nur gibt, anstatt auch mal zu empfangen, wird schnell aus dem Gleichgewicht kommen und normalerweise ausbrennen. 5,5 Menschen pro 1000 Versicherten ist dies bereits passiert. Die Pharmabranche macht im Jahr allein in Deutschland über 750 Millionen Euro Umsatz mit Anti-Depressiva. Die Anzahl an Arbeitsunfähigkeitstagen, die aufgrund von psychischen Ursachen anfielen, beträgt über 15 Prozent.[22] Das sind alarmierende Zahlen, die zu denken geben. Man möchte außerdem nicht wissen, wie lange sich Berufstätige trotz psychischer Erkrankung zur Arbeit quälen, um nicht als Psychofall abgestempelt zu werden. Die Dunkelziffer aller genannten Statistiken ist daher bestimmt mindestens doppelt so hoch. Und dann gibt es noch die Menschen, die aufgrund psychischer Erkrankungen überhaupt nicht mehr arbeiten können, oder jene, deren psychische Erkrankung noch gar nicht entdeckt wurde.

MACHEN SIE SICH VON DER MEINUNG ANDERER FREI

Egoisten machen sich unabhängig von der Meinung anderer Leute. In der Geschichte der Menschheit gab es unzählige Menschen, die großartige Dinge vollbracht haben und sogar die Welt ein für alle Mal verändert haben.

Ob es die Gebrüder Wright mit ihrem Flugzeug waren, Thomas Edison mit der Glühbirne oder Steve Jobs mit seinem Smartphone - sie alle wurden zu Beginn als Spinner belächelt. Sie wurden gesellschaftlich ausgegrenzt und für verrückt erklärt. Man machte sich lustig über sie und demütigte sie. Der Apple-Gründer Jobs wurde sogar aus seiner eigenen Firma geworfen, weil der Vorstand ihm das Vertrauen entzog und man glaubte, er habe den Verstand verloren. Etwas Schlimmeres kann einem Gründer und Unternehmer wohl kaum passieren, als von seinem »Baby« getrennt zu werden, das man in Tausenden von Stunden gehegt, gepflegt und zum Wachsen gebracht hat. Steve Jobs hätte in diesem Moment alles hinschmeißen können und niemand hätte es ihm übelnehmen können. Er selbst wusste jedoch, dass er auf dem richtigen Weg war, und hörte nicht auf die Unkenrufe seines Umfelds.

Erfolgreiche Egoisten haben die wundervolle Fähigkeit, sich von der Meinung anderer Menschen frei machen zu können und ihr Selbstbild und ihren Selbstwert nicht von deren Beurteilung abhängig zu machen. Sie selbst haben sich ihren Wert gegeben und sind dadurch zu selbstbewussten und starken Persönlichkeiten geworden.

Sie müssen sich ebenfalls von der Unterdrückung durch andere Menschen befreien und Ihren Selbstwert nicht von außen, sondern von innen beziehen. Wie wollen andere Menschen auch nur eine Sekunde verstehen, wie Sie denken, fühlen und was in Ihnen steckt? Einzig Sie selbst können das beurteilen – nicht Ihr Partner, nicht Ihre Freunde und nicht einmal Ihre Eltern.

Wir unterliegen häufig der falschen Annahme, dass andere Menschen sich in uns hineinversetzen können. Zumindest bei unseren Eltern oder unserem Lebenspartner gehen wir davon aus. Dies ist allerdings ein Trugschluss. Niemand verbringt so viel Zeit in Ihrem Kopf und mit Ihren Gefühlen wie Sie selbst. Nur Sie kennen Ihre dunkelsten Geheimnisse. Es gibt haufenweise Statistiken darüber, wie viele Geheimnisse Paare voreinander haben. Deutlich ist es zum Beispiel beim

Thema Erotik. Laut einer Statista Umfrage aus dem Jahr 2015 verheimlichen rund 32 Prozent der Männer Ihrer Partnerin, dass sie erotische Filme schauen. Das verheimlichen hingegen nur 7 Prozent der Frauen. Gleichauf sind die Geschlechter beim Zweifel an der Beziehung. Rund 14 Prozent der Männer und Frauen verheimlichen ihrem Partner den Zweifel daran, dass die Beziehung ewig hält.[23]

Sie können ausreichend Belege dafür finden, dass niemand Sie wirklich kennt, auch nicht Ihre Familie. Nur Sie können darüber entscheiden, was gut oder schlecht für Sie ist. Und diese Verantwortung übernehmen gute Egoisten gerne – inklusive dem Preis, der dafür fällig ist. Niemand außer Ihnen kann nachvollziehen, was in Ihrem Kopf vorgeht und warum Sie Entscheidungen so treffen, wie Sie sie nun mal treffen. Ebenso schwer ist es, anderen dies begreiflich zu machen. Sie müssen schlicht und einfach akzeptieren, dass Sie Ihren Selbstwert bestimmen. Niemand sonst.

SPRENGEN SIE ALLE GRENZEN

Einem 19-jährigen englischen Wissenschaftler wurde 1963 eine schlimme Diagnose mitgeteilt. Eine degenerative Nervenkrankheit würde ihn in den kommenden Jahren all seiner körperlichen Fähigkeiten berauben und man prophezeite ihm, er habe nur noch wenige Jahre zu leben. Die Ärzte empfahlen ihm, statt sich in wissenschaftliche Projekte zu stürzen, die knappe Zeit anderweitig zu genießen und sich auf einen qualvollen Tod vorzubereiten. Doch der junge

Wissenschaftler dachte gar nicht daran, auf andere Menschen zu hören, die ihm sein Lebenswerk zerreden wollten. Er war fest entschlossen, seinen Weg zu gehen und die Hindernisse, die die Krankheit mit sich bringen würde, zu meistern.

Stephen Hawking wurde 76 Jahre alt und erlebte mehr, als die meisten gesunden Menschen je erleben werden. Er unterrichtete an den berühmtesten Universitäten der Welt, spielte in Hollywood-Produktionen mit, schrieb Bestseller und absolvierte mit der NASA sogar einen Flug in Schwerelosigkeit. Den Ärzten zufolge hätte er jedoch schon seit 50 Jahren tot sein müssen. Man könnte zu der Ansicht gelangen, dass er sich nicht darum kümmerte, was seine Ärzte ihm prophezeiten. Sein Lebenswerk spricht dafür, dass wir uns keine Grenzen von anderen Menschen auferlegen lassen dürfen, sondern unseren eigenen Weg finden müssen. Der Preis dafür ist, die Konsequenzen zu tragen.

Seien Sie sich gewiss: Es wird immer Menschen geben, die sagen, dass das, was Sie vorhaben, unmöglich ist. Geben Sie nichts auf dieses Geschwätz, so wie es Stephen Hawking mit seinen Ärzten gemacht hat.

VOM PSYCHOLOGEN ZUR WELTKARRIERE

Auch die Geschichte von Gillian Lynne ist in diesem Kontext mehr als interessant, auch wenn sie weniger bekannt ist. Wahrscheinlich haben Sie noch nie etwas von ihr gehört, aber ihr Lebenswerk ist wirklich mehr als beachtenswert.

Als Kind in den 30er-Jahren hatte sie massive Schulprobleme. Sie konnte nie stillsitzen und sich auf den Unterrichtsstoff konzentrieren. Dementsprechend schlecht fielen ihre Noten aus. Ihre Mutter war so besorgt, dass sie mit ihr zum Psychologen ging, um Medikamente zur Beruhigung verschrieben zu bekommen. Doch der Psychologe erkannte, was der wahre Grund für die Unaufmerksamkeit der Tochter war. Er erklärte der Mutter, dass Gillian nicht krank war, sondern eine Tänzerin. Mit anderen Worten: Sie musste sich bewegen, um Lernstoff zu verinnerlichen. Sein Rat war, mit Gillian eine Tanzschule zu besuchen.

Das Ergebnis war, dass Gillian Lynne Jahre später eine der berühmtesten Tänzerinnen und Choreografinnen ihrer Zeit wurde. Sie zeichnet beispielsweise verantwortlich für die Choreografien von Phantom der Oper und Cats, die Sie höchstwahrscheinlich schon einmal genießen durften. Kurz vor ihrem Tod im Jahr 2018 wurde das New London Theatre offiziell in Gillian Lynne Theatre umbenannt.

Gillian hatte mit der Konsultation des Psychologen Glück. Es hätte auch ganz anders ausgehen können. Beispielsweise hätte er ihr Beruhigungsmittel verschreiben können, die sie für die Schule gefügiger gemacht hätten. Damit hätte man ihr aber gleichzeitig ihr größtes Potenzial genommen. Es wäre interessant zu wissen, wie oft genau Ähnliches in der Vergangenheit schon geschehen ist.

An dem Beispiel von Gillian Lynne sehen Sie, dass es für das Umfeld wirklich schwierig ist, Dinge außerhalb der eigenen Norm zu verstehen und zu akzeptieren. Mein Tipp: Messen Sie der Meinung Ihres Umfeldes nicht allzu viel Bedeutung bei. Es könnte, wie wir bei Gillian gesehen haben, sehr gefährlich für Sie, Ihre Talente und Bedürfnisse sein.

Es gilt als sicher, dass Sie auf Ihrem Weg Niederlagen einstecken müssen, der Häme und Kritik anderer Menschen ausgesetzt sein werden und vielleicht niemals alles erreichen werden, was Sie sich zum Ziel gesetzt haben. Aber Sie werden ein Leben in Selbstbestimmung und Freiheit leben. Jedes dieser Jahre wird wertvoller sein als ein Jahrzehnt, das Sie unter Umständen in Angst und Fremdbestimmung verbracht hätten.

GRENZEN SIE SICH VON LOB UND TADEL AB

Sich von der Kritik oder dem Hass anderer Menschen abzugrenzen, stellt lediglich eine Seite der Medaille dar. Die andere Seite gehört aber ebenso dazu. Sie sollten sich von der Zuneigung oder dem Zuspruch anderer Menschen unabhängig machen. Denn wer anderen gefallen will, ist nicht frei. Es darf für Sie nicht maßgeblich in Ihren Entscheidungen sein, ob jemand Sie annimmt oder ablehnt. Es ist einzig und allein Ihr Leben und Ihr Weg.

Egoisten mögen Lob natürlich ebenso wie jeder andere auch. Aber Sie lassen sich von dieser Emotion nicht leiten, sondern wollen sich in erster Linie selbst zufriedenstellen. Sie legen einen eigenen Standard für sich und ihr Leben fest, dem sie folgen.

Der Rapper Bushido sagte mir in einem Gespräch, dass er stets seine eigenen Maßstäbe für Glück und Erfolg gehabt und sich nur nach ihnen gerichtet habe. Es sei ihm auch egal, welche Maßstäbe andere Menschen dagegenhielten. Er wolle ausschließlich nach seinen eigenen leben. Die Kunst des glücklichen Lebens besteht genau darin, Maßstäbe und Standards für sich selbst zu entdecken und danach zu handeln. Ja, mehr noch: Werden Sie zu Ihrem eigenen Maßstab. Streben Sie nach mehr. Streben Sie danach, was Sie glücklich macht. Wenn Sie glücklich sind, können Sie dieses Glück auch verteilen. Einen anderen Weg gibt es langfristig nicht.

Der bereits zitierte Osho bemerkt hierzu: »Ich lehre also keine Selbstlosigkeit, weil ich weiß: Wer wirklich selbstsüchtig ist, wird ganz automatisch und von allein selbstlos. Wer nicht selbstsüchtig ist, lebt an sich selbst vorbei. Er ist unfähig, mit anderen in Kontakt zu treten, weil ihm der grundlegende Kontakt zu sich selbst fehlt. Er hat den ersten Schritt übersprungen.«[24] Genau dies lehrt uns die Gesellschaft: den ersten Schritt zu überspringen. Doch dann fehlt dem zweiten Schritt das Fundament. Nur wer hat, kann auch geben.

SEIEN SIE RÜCKSICHTSLOS UND SELBSTSÜCHTIG

Sie werden nun einwenden, dass wir in einer funktionierenden Gesellschaft Rücksicht walten lassen und uns an soziale Maßstäbe halten müssen. Aber es ist so: Der einzige Maßstab, an den Sie sich halten sollten, ist, kein schlechter Egoist zu sein. Sie dürfen anderen nicht mit Absicht schaden. Es darf nicht das Ziel Ihrer Handlung sein, einem anderen Menschen Schaden zuzufügen. Dann sind Sie nicht frei. Wenn Sie hingegen Ihren Weg gehen, Ihren Lebensentwurf nach Ihren eigenen Vorstellungen umsetzen, an Zielen arbeiten und andere Menschen sich daran stören, ist das nicht Ihr Problem. Sie werden es niemals allen recht machen können. Es wird immer Menschen geben, die unter Ihren Handlungen irgendwie leiden – aber das war nicht Ihr Ziel. Es ist eine Begleiterscheinung Ihres Vorgehens, die Sie aber nicht beabsichtigen. Dieser Schaden kann manchmal riesig sein, es kann andere sogar das Leben kosten. Solange es nicht beabsichtigt war, trifft Sie keine Schuld.

Sie haben sicher schon mitbekommen, dass ein Rennen um den Weltraumtourismus ausgebrochen ist. Viele Unternehmen geben sich allergrößte Mühe, die Ersten zu sein, gewöhnliche Menschen ins Weltall zu bringen. Eines dieser Unternehmen ist Virgin Galactic und wurde von dem britischen Milliardär Richard Branson gegründet. Mit Luftfahrt kennt er sich aus, denn seine Virgin-Gruppe ist ein Tourismus-Gigant. Bisher allerdings nur mit Flugzeugen. Seine unternehmerische Neugier verleitete Branson 2004 dazu, das Abenteuer Weltraumtourismus zu starten und Virgin Galactic zu gründen. Sie machten sich daran, ein Raumschiff zu entwickeln, das kommerziell und regelmäßig Menschen in die Umlaufbahn befördern könnte. Am 21. Oktober 2014 stieg der Prototyp VSS Enterprise SpaceShip Two in die Lüfte und stürzte kurze Zeit später ab. Einer der Piloten starb bei diesem schweren Unfall. Er hatte die Vision seines Chefs mit dem Leben bezahlt.

Als Branson seine Vision von der Raumfahrt in die Tat umzusetzen versuchte, betrat er Neuland. Er wusste, dass es mit großen Risiken verbunden sein würde. Schon vorher haben Menschen Raketenabstürze der NASA und anderer Organisationen mit dem Leben bezahlt. Obwohl er sich der Risiken bewusst war, trieb er die Entwicklung des Raumschiffs voran und heuerte Testpiloten an, die sich der Risiken ebenso bewusst waren. Er wollte sie nicht umbringen. Aber einer von ihnen musste die Vision dennoch mit seinem Leben bezahlen. Branson konnte keine Rücksicht darauf nehmen, dass etwas passieren könnte. Jeder, der an einem solchen Projekt arbeitet, weiß, dass etwas schiefgehen kann. Es war eine tragische Begleiterscheinung.

Wenn Sie nach Ihren Vorstellungen leben, werden sich andere auch immer daran stoßen. Es müssen nicht Menschen sterben, wie im Falle von Richard Branson. Aber Sie werden mitunter Leid oder Enttäuschung in Ihrem Umfeld verursachen. Dies müssen Sie hinnehmen und trotzdem Ihren Weg gehen. Es ist der Preis für ein Leben in Freiheit.

EGOISTEN KENNEN IHRE WERTE

Wenn wir sagen, Egoisten wissen, was sie wollen, klingt das simpel und gut. Aber was bedeutet es wirklich?

Menschen, die wissen, was ihnen wichtig ist, kennen gleichzeitig ihre Werte. Die Begriffe »Wertestruktur« und »Wertekanon« sind in Deutschland leider nicht so verbreitet, wie sie es sein sollten. Denn wer nicht weiß, welche Werte in der eigenen Persönlichkeit verankert sind, hat stets Probleme, Entscheidungen zu treffen. Wenn Sie Entscheidungen treffen, die Ihren

Werten widersprechen, fühlen Sie sich unwohl oder sind unter Umständen sogar unglücklich mit Ihrer Entscheidung.

Wie lassen sich Werte also definieren?

Jeder Mensch hat Werte, die ihn leiten. Tatsächlich sind sich aber nur wenige ihrer wirklich bewusst. Werte können Ehrlichkeit, Sicherheit oder Spaß sein. All Ihre Entscheidungen sollten im Idealfall mit Ihren Werten korrespondieren.

Immer, wenn dies nicht der Fall ist oder jemand Ihre Werte mit Füßen tritt, sorgt das für Unwohlsein. Manche Menschen ticken sogar komplett aus, wenn ihre Situation nicht im Einklang mit ihren Werten ist. Und das ist auch in Ordnung, denn es sollte stets Ihr höchstes Ziel sein, alles in Einklang mit Ihrem Wertekanon zu bringen. Je klarer Sie in dieser Sache sind, desto klarer wird auch das Umfeld.

Im Leben ist es doch so, dass wir, je nach individueller Ausstrahlung, unterschiedlich stark Menschen anziehen und abstoßen. Je diffuser wir mit unseren Werten sind, desto – für uns – unpassendere Menschen werden wir anziehen. Je klarer wir sind, desto passendere Menschen kommen und bleiben. Sie haben die Wahl, in welche Richtung es gehen soll. Haben Sie keine Angst, Menschen mit Ihrer Meinung vor den Kopf zu stoßen. Das gehört nun einmal dazu. Geben Sie sich die Chance, das bestmögliche Umfeld für sich selbst zu schaffen. Da gehören viele Menschen schlichtweg nicht dazu.

Sie allein sind dafür verantwortlich, ein produktives Umfeld zu schaffen, das Ihre Werte unterstützt. Es ist wie bei einem Unternehmen. Man kann immer wieder nur mit dem Kopf schütteln, wenn man Unternehmer hört, wie sie sich über ihre Mitarbeiter beschweren. In letzter Instanz sind es doch sie selbst gewesen, die sie eingestellt haben und jeden Monat Gehalt auf das jeweilige Konto überweisen. Sie verdienen kein Mitleid, da jeder selbst für seine Ergebnisse verantwortlich ist, egal in welchem Bereich.

SCHAFFEN SIE RICHTUNGSWEISENDE PRIORISIERUNGEN

Ein guter Egoist reflektiert sich und sein Handeln fortwährend. Hat er sich mit seinen Entscheidungen von sich und seinen Werten entfernt, geht er den Weg nicht stur weiter, sondern korrigiert alles so schnell wie möglich. Es fällt ihm leicht, denn er hat keine Skrupel, sofort die Richtung zu ändern. Wieso auch nicht? Jeder Schritt, den er weiter in die falsche Richtung geht, entfernt ihn von seinem Ziel.

Das bringt uns zu einem nächsten Punkt, der gute Egoisten auszeichnet: Sie scheuen nicht davor zurück, sich Fehlentscheidungen einzugestehen. Diese Fähigkeit ist die Basis, um den eingeschlagenen Weg schnellstmöglich zu korrigieren.

Ich erinnere mich, als ich in den Bavaria Filmstudios München als Interviewgast saß und vom Moderator gefragt wurde, wie ich Erfolg definieren würde. Ich antwortete, dass man erfolgreich sei, wenn man morgens gerne aufstehe. Diesen Rahmen kann man natürlich unterschiedlich ausfüllen. Es könnte auf jemanden zutreffen, der als Globetrotter, ohne Geld in der Tasche, durch die Welt reist und einfach eine geile Zeit an den schönsten Stränden dieser Erde verbringt.

Es trifft nicht auf denjenigen zu, der gesenkten Hauptes in eine Fabrik fährt, die er geerbt hat, und sich fragt, warum er diesen Mist macht. Denn es geht im Leben darum, glücklich zu sein und im Einklang mit den eigenen Werten zu leben.

Wir lesen immer wieder von Topmanagern oder sehr reichen Menschen, die all ihr Hab und Gut verschenken und fortan ein reduziertes Leben leben. Der eine wird vielleicht zum Winzer, der andere zieht sich in die Alpen auf eine Berghütte zurück, ohne Strom oder fließendes Wasser, um am eigenen Buch zu schreiben.

Das ist für das eigene Umfeld meistens völlig unverständlich. Schließlich werden Ruhm, Ehre, Geld und Macht bereitwillig geopfert. Doch wenn die eigenen Werte nicht mehr gelebt werden können, um diesen »Scheinstatus« nach außen hin aufrechtzuerhalten, müssen eben radikale Richtungsänderungen erfolgen, um zurück in die eigene Spur zu gelangen.

Egoisten sind also Meister darin, radikal Prioritäten zu setzen. Hierzu eine kleine Geschichte: Ich habe einmal in einem Buch von einer jungen Konzertpianistin gelesen, die nach dem Geheimnis ihres Erfolges gefragt wurde. Sie sagte, dass es wohl die bewusste Vernachlässigung bestimmter Aufgaben war. Als Kind ging sie nach dem Essen stets in ihr Zimmer, räumte auf, machte sauber und begann danach, auf dem Klavier zu üben.

Sie kam jedoch nicht so voran, wie sie es sich wünschte. Sie machte sich ihre Prioritäten bewusst und kehrte die Reihenfolge um. Sie kümmerte sich fortan um das Wichtigste in ihrem Leben – um die Musik und das Üben. Erst als sie spürbare Fortschritte beim Üben machte, erlaubte sie sich, weniger wichtige Dinge zu tun. Sie machte dieses bewusste

Vernachlässigen für ihren übermäßigen Erfolg verantwortlich. Was nur eine Umschreibung dafür ist, Prioritäten zu setzen. Prioritäten, die sich allein nach Ihren Maßstäben richten müssen.

Es ist beinahe wie die Anekdote über die Entstehung von Michelangelos berühmtem David. Nach Fertigstellung der wunderbaren und weltberühmten Skulptur wurde er gefragt, wie er dazu fähig sei, solch eine wunderbare Statue zu formen. Michelangelo antwortete, dass es ganz einfach sei. Er lasse lediglich alles Überflüssige weg.

EGOISTEN HABEN KEIN HELFERSYNDROM

Ich habe kein ausgeprägtes Helfersyndrom. Das macht es mir umso leichter, ein guter Egoist zu sein. Und ich bin immer wieder amüsiert, die Reaktionen darauf zu beobachten. Ich bin mehrmals pro Woche als Talkgast zu Podcasts eingeladen. Einer Hochrechnung der ARD zufolge hören 20 Millionen Deutsche Podcasts. Deshalb nehme ich diese Einladungen gerne an.

Da saß ich nun in Hannover als Gast in einer Sendung und wurde vom Moderator gefragt, warum ich so gerne Menschen helfen möchte – schließlich hätte ich ja das ERFOLG Magazin gegründet und schreibe Bücher.

Ich habe geantwortet: »Ich möchte den Menschen nicht helfen.« Der etwas irritierte, ich möchte fast sagen, schockierte Moderator, wusste nicht so recht weiter, darum habe ich weitergeredet und versucht, es zu erklären. »In erster Linie liebe ich es, Medienunternehmer zu sein. Und ich bin sehr neugierig und mag die Abwechslung. Das alles kann ich mit meinen Projekten erreichen. Dass es so vielen Menschen weiterhilft, ist ein Abfallprodukt meiner Arbeit. Aber es ist mir völlig gleichgültig, ob die Leute etwas von dem umsetzen, was sie bei uns lesen.« Ich habe nichts weiter getan, als die reine Wahrheit gesagt. Es bereitet mir keine schlaflosen Nächte, wenn Leute die Tipps aus unseren Magazinen oder aus meinen Büchern nicht befolgen. Das ist deren Entscheidung. Es freut mich natürlich, wenn Menschen zu mir kommen und von ihren Erfolgen berichten, die sie zum Beispiel solchen Tipps zu verdanken haben. Aber das ist eben nicht der Grund, warum ich es tue.

Hier eine kleine Geschichte dazu: Ein Freund von mir heißt Tobias Beck und er war viele Jahre Flugbegleiter in der First Class. Eines Tages betreute er Michael Jackson und fragte ihn, warum er so erfolgreich werden konnte. Der King of Pop antwortete wie selbstverständlich: »I just love music.« – »Ich liebe einfach die Musik.«

So simpel wie dieser Satz auch klingen mag, er beginnt mit dem Wort »Ich«. Der erfolgreichste Pop-Sänger der Geschichte hat es in erster Linie für sich selbst getan, weil es ihn glücklich machte. Gleichzeitig hat er bis heute mit seiner Kunst Hunderte Millionen von Menschen beglückt. Aber das stand für ihn an zweiter Stelle. Es ist ein gutes Beispiel dafür, dass wir aus egoistischem Antrieb glücklicher sein können, als wenn wir es nur tun, weil andere es sich wünschen.

Besonders oft höre ich es bei Musikern, dass Musik zu machen in erster Linie etwas Egoistisches sei. Einer der erfolgreichsten deutschen Rapper ist Kollegah. In München sagte er mir: »Wenn man Musiker ist, macht man Musik erst mal für sich selbst. Das ist ja eine Leidenschaft, ein Drang, das auch nach außen zu tragen und sich selber anzuhören.«[25]

In eine sehr ähnliche Kerbe schlägt auch der Star-Geiger David Garrett. Ich fragte ihn, für wen er die Musik eigentlich macht. Hier seine Antwort: »In erster Linie für mich. Ich glaube, bei jedem Beruf, den man mit Leidenschaft und Erfolg macht, ist die Intention, selbst das Beste aus sich herauszuholen und daran Spaß zu haben. Dass sich ein Publikum in diesem Ausmaß entwickelt, war unerwartet – auch für mich.«[26]

Als ich mit Reinhold Messner über das Extrem-Bergsteigen sprach, sagte er mir: »In erster Linie ist (Bergsteigen) egoistisch. Für die Gemeinschaft ist es unnütz. Aber für den Akteur ist es eine großartige Möglichkeit, existenzielle Erfahrungen zu machen.«[27] Obgleich er das Bergsteigen aus rein egoistischen Motiven betrieb, hat er Millionen von Menschen mit seinem Wirken inspiriert. Genauso wie Michael Jackson und Kollegah mit ihrer Musik. Es ist kein altruistischer Antrieb notwendig, um positiven Einfluss auf die Welt auszuüben.

SEIEN SIE DIE KONSTANTE IN IHREM LEBEN

Ich liebe es, morgens aufzustehen und mein Leben so zu verbringen, wie ich es mir eingerichtet habe. Ich lebe ein Leben, das ich auf meinen eigenen Werten aufgebaut habe. Und ich habe in meinen zahlreichen Gesprächen mit den erfolgreichsten Menschen der Welt herausgefunden, dass diese es genauso machen. Sie versuchen nicht, es allen recht zu machen. Das wäre sowieso vergebliche Liebesmühe, denn wie Sie bestimmt aus Ihren eigenen Erfahrungen wissen, können Sie es unmöglich allen Menschen recht machen. Das müssen Sie auch gar nicht, um ein glückliches Leben zu leben, selbst, wenn man Ihnen das von Geburt an eingeredet hat.

Es wird Zeit, sich diesbezüglich auf die eigenen Beine zu stellen und es genau einem Menschen auf der Welt recht zu machen – sich selbst. Die erfolgreichsten Menschen tun genau dies. Sie versuchen stets, es sich selbst recht zu machen. Sie gehen nicht den Umweg, es sich recht zu machen, indem sie es anderen recht machen, sondern sie nehmen den direkten Weg zum eigenen Glück.

Die einzige Konstante in Ihrem Leben sind Sie selbst, alle anderen sind Variablen. Jeder kann Sie verlassen, nur einen Menschen werden Sie niemals los – sich selbst. Also gehen Sie gut mit sich um, behandeln Sie sich selbst wie den wichtigsten Menschen in Ihrem Leben, der Sie nun mal auch sind.

Es ist wahrlich seltsam, dass wir andere Menschen besser behandeln als uns selbst. Da fehlt einfach der nötige Respekt sich selbst gegenüber. Also ich habe so viel Respekt vor mir, dass ich mir alle Wünsche selbst von den eigenen Lippen ablese. Ich warte nicht darauf, dass dies jemand anderes für mich erledigt. Es ist mein Job! Ich mache niemand anderen dafür verantwortlich.

Nichts ist wichtiger, als sich und das eigene Leben zu lieben. Würden Sie jemandem Respekt zollen, in dessen Nachruf steht »Er hasste sein Leben«? Wenn Sie jetzt meinen, ich überspanne den Bogen, dann schwächen wir es doch ab: »Sein Leben war okay.«

Egal wie Sie es drehen, es ist eine Schande, wenn Sie nicht in Ihr Leben verliebt sind. Sie haben schließlich nur dieses eine. Es sollte Ihr Ziel sein, jeden Tag Ihre Werte so gut wie nur möglich zu befriedigen, und befreien Sie Ihr Umfeld von der Bürde, dies für Sie zu erledigen.

BEDINGUNGSLOSER ALTRUISMUS

Viele Menschen glauben an Bedingungslosigkeit. Zumindest glauben sie, dass sie daran glauben. Es bedeutet, dass man an ein Gefühl oder eine Leistung keine Bedingungen knüpft. Das ist ein Irrglaube, zumindest in 99 Prozent der Fälle.

Es mag tatsächlich Menschen geben, die einen so hohen Geisteszustand erlangt haben, dass sie für etwas, das sie für andere tun, keine Gegenleistung erwarten. Möglicherweise lassen sich in den Klöstern von Tibet solche Menschen finden. Aber in unserer alltäglichen Welt ist das sehr unwahrscheinlich.

Ein Beispiel für diesen Irrglauben: Eine Frau schwört ihrem Mann, dass sie ihn bedingungslos liebt und dies immer tun wird. Eines Tages betrügt dieser Mann seine Frau. Als sie es herausfindet, schlägt ihre bedingungslose Liebe um in Hass. Sie reicht die Scheidung ein und schwört, ihm bis aufs letzte Hemd alles zu nehmen. Das alles ist aus Sicht der Frau völlig nachvollziehbar. Und trotzdem war ihr anfängliches Versprechen eine Lüge. Denn hätte sie ihren Mann tatsächlich bedingungslos geliebt – also an die Liebe zu ihm keine

Egoismus und Erfolg

Bedingungen geknüpft –, würde sie ihn auch nach dem Betrug weiterlieben wie am ersten Tag.

Die meisten Menschen definieren »bedingungslos« eher so:

- »Ich stelle keine Bedingungen, bis auf ...«
- »Wenn du dich an folgende Regeln hältst, liebe ich dich bedingungslos ...«

Für mich klingt das eher nach einem Tauschgeschäft, was es auch tatsächlich ist.

Natürlich ist es der Traum von vielen Menschen, bedingungslos geliebt zu werden, egal was passiert. Es vermittelt eine gewisse Form von Sicherheit. Sicherheit, die es aber im Leben nicht gibt. Denn wer sagt denn, dass bedingungslose Liebe ewig dauert?

Viele Menschen wollen durch den Partner eine Kompensation für fehlende Selbstliebe erhalten. Der andere Partner soll ihnen das geben, wozu sie selbst nicht in der Lage sind. Und plötzlich wird die bedingungslose Liebe gar nicht mehr so bedingungslos. Fallen Sie auch manchmal auf die Frage des Partners herein, wenn dieser wissen möchte, was Sie an ihm lieben? Tappen Sie nicht in die Falle, Ihre Liebe an Bedingungen zu knüpfen wie »dein wunderschönes Lächeln«. Was ist, wenn Ihr Partner eines Tages einen Schlaganfall erleidet und sich seine Gesichtsmuskeln auf Dauer verzerren? Haben Sie die entstellten Gesichtszüge von Schlaganfallopfern einmal gesehen? Ein wunderschönes Lächeln sieht anders aus. Nur gut, wenn Sie dies nicht zur Bedingung der Liebe erklärt haben.

Bedingungslose Selbstannahme ist wohl die wichtigste Fähigkeit eines guten Egoisten, denn darauf baut alles andere auf. Wenn Sie sich für Ihre Persönlichkeit oder für irgendeine Ihrer charakterlichen Eigenschaften schämen, dann kann es zu keiner guten Beziehung mit einem anderen Menschen kommen. Schämen Sie sich nicht länger für eigene Wünsche, für Bedürfnisse oder für Aspekte Ihres Seins. Nehmen Sie sich selbst an und schaffen Sie dadurch Frieden mit sich selbst. Einen Grabenkampf mit sich selbst können Sie nur verlieren.

Nutzen Sie die freigewordene Energie, um sich selbst Gutes zu tun. Wenn Sie selbst nicht mehr leiden, brauchen Sie auch keinen Partner, der Ihre Leiden lindert. Welch Erlösung für Ihr gesamtes Umfeld!

MEIDEN SIE GRUPPENZWANG UND IKONISIERUNG

Andere werden ständig versuchen, Sie in die Herde einzugliedern. Wie der Kabarettist Dieter Nuhr in einem Interview mit dem Münchner Merkur so schön gesagt hat: »Der Andersdenkende gilt heute als moralisch minderwertig.«[28] Das bezog er auf den Shitstorm, der gegen ihn ausgebrochen war, als er sich bei einem Auftritt über die neue Öko-Bewegung ausgelassen hatte.

Sie können sich darauf einstellen, dass es harte Arbeit ist, Ihre Meinung und Prinzipien zu verteidigen. Die meisten Menschen da draußen können mit Vielfalt und Andersdenkenden nicht umgehen. Wie auch, wenn wir alle durch Erziehung und Sozialisierung in eine gewisse Richtung gepolt wurden?

Vielleicht ist es noch immer ein Überbleibsel aus der Steinzeit, als Menschen in Gruppen darauf angewiesen waren, ihresgleichen sofort erkennen zu können. Alle mussten am selben Strang ziehen, um in der harten Umwelt überleben zu können. Jeder musste seine ihm zugewiesene Aufgabe bedingungslos erfüllen, um das Überleben der Gruppe zu sichern. Wir sind aber keine Neandertaler mehr und können diese Vergangenheit als solche erkennen und hinter uns lassen.

Sie können heute so individuell sein, wie es Ihnen passt. Harald Glööckler, der wohl auffälligste Modeschöpfer in Deutschland, ist ein Freund von mir. Er ist so individuell, dass er es eigentlich nicht mag, wenn man ihn als Modeschöpfer bezeichnet.

Bei unserem letzten Treffen in seiner Villa diskutierten wir darüber, welcher Begriff eher zu ihm passen würde. Da stießen wir auf einen Bildband von Starfotograf Udo Spreitzenbarth, der schon Berühmtheiten wie Meg Ryan und Cindy Crawford fotografiert hat. Sein Bildband über Harald Glööckler trug den Untertitel »Myth of an Icon«. Wir einigten uns also darauf, dass »Ikone« als Bezeichnung am besten zu ihm passt.

Auch Sie dürfen zu einer Ikone werden. Sie dürfen so individuell sein, wie es Ihnen gefällt. Wird es Menschen geben, die damit nicht umgehen können? Auf jeden Fall, aber es braucht uns nicht zu kümmern, schließlich verfolgen wir unsere eigene Agenda.

Erinnern Sie sich: Der einzige Mensch, der garantiert immer bei Ihnen sein wird, sind Sie selbst. Alle anderen Menschen sind Variablen, auf die Sie nur zu einem winzig kleinen Teil Einfluss haben. Sie müssen also in erster Linie sich selbst gefallen. Egal, welche Entscheidung Sie treffen, Sie müssen sowieso die Konsequenzen tragen. Sprich, den Preis bezahlen. Wenn Sie sich nach den Regeln und Idealen der anderen richten, zahlen Sie einen hohen Preis. Sie verleumden sich selbst, Sie sind sich selbst gegenüber untreu. Wenn Sie hingegen Ihrem eigenen Weg folgen, zahlen Sie ebenso einen Preis, doch für Ihre eigenen Werte werden Sie diesen Preis wohl lieber berappen als für die Werte anderer.

Ich fragte den Rapper Sido einmal, wie man mit Kritik am besten umgehen solle: »Man muss sich ganz bewusst über seinen Standpunkt sein. Wenn man ganz ehrlich mit sich sein kann und sich bewusst ist, dass es immer jemanden gibt, der cooler, besser, schöner, reicher und krasser ist als du und weiß, wo man genau steht, dann kann dir keine Kritik der Welt was anhaben.«[29]

Manche Menschen werden es Ihnen übelnehmen, eine eigene und vor allem abweichende Meinung zu haben. Ein guter Egoist entscheidet sich für seinen persönlichen Weg.

Übrigens: Der Egoist kann zwar, muss aber nicht als Vorbild gelten. Die Argumente, mit gutem Beispiel voranzugehen, laufen bei ihm ins Leere. Die Definition von »gut« ist viel zu individuell. Hier würden nämlich schon wieder gesellschaftliche Konventionen und traditionalistische Wertemuster mitschwingen. Wieder eine Form von Abhängigkeit, zu der der Egoist ganz bewusst Abstand sucht.

Zu guter Letzt ist all das gut, was der Egoist für sich selbst, aus tiefster Überzeugung und im Einklang mit seinen Werten tut.

Egoismus und Erfolg

DISZIPLIN KANN MAN LERNEN

Ich habe mich mit 18 Jahren selbstständig gemacht und wusste von mir, dass ich eigentlich kein disziplinierter Typ bin. Ich musste ein Training für mich finden, mit dem ich lernte, meine Entscheidungen durchzusetzen. Alles beginnt und endet bei uns selbst und ich habe einen Weg gesucht, mich selbst zu überzeugen, dass ich es schaffen kann.

Ich hörte von einem Trick, den ein Unternehmer genutzt hatte, den dasselbe Problem plagte wie mich. Er änderte schlichtweg alltägliche Gewohnheiten. Denn es gilt als besonders schwierig, Automatismen zu verändern. Er entschied sich bei diesem Training, ab sofort auf Zucker und Alkohol zu verzichten.

Für mich klang das plausibel, zumal es auch eine gesunde Entscheidung war. Als Jugendlicher hatte ich angefangen zu rauchen, dieses Laster wollte ich in mein Training integrieren. Ab sofort würde ich nicht mehr rauchen, keinen Zucker mehr essen und keinen Tropfen Alkohol mehr trinken. Ich wusste, wenn ich solch ein Unterfangen erfolgreich absolvieren würde, könnte ich alles schaffen. Denn Disziplin ist die Grundlage dafür, dass man sich selbst und seine Entscheidungen respektiert und eisern an ihnen festhält. Die Methode ist bei allen Entscheidungsprozessen dieselbe.

Ich habe schnell gelernt, ohne besagte Genussmittel zu leben. Als Egoist ist mir der Punkt Alkohol besonders wichtig. Denn Alkohol beeinflusst die Selbstkontrolle und beeinträchtigt die Wahrnehmung. Und ein Egoist will immer die Kontrolle – zumindest über sich selbst – behalten.

Darüber hinaus empfinde ich die Welt als so spannend, dass ich keinen Grund sehe, die klare Wahrnehmung darauf zu vernebeln. Bei Empfängen, Siegesfeiern, Hochzeiten (insbesondere der eigenen) und an Silvester wird meine Entscheidung besonders hart auf die Probe gestellt. Aber es kostet mich keine Energie, zu widerstehen, denn die Entscheidung wird aus meinem Selbstwert genährt.

Ich nenne Ihnen drei weitere Beispiele von Leuten, die auf Alkohol gänzlich verzichten: Vladimir Putin, Recep Tayyip Erdogan und Donald Trump. Man könnte wohl behaupten, dass keiner von denen gerne die Kontrolle verliert.

Auch die Wissenschaft gibt mir in diesem Punkt recht. Sie geht sogar davon aus, dass Menschen, die Selbstkontrolle an den Tag legen, tatsächlich glücklicher als ihre Artgenossen sind, die dies nicht können. Eine Studie der Universität von Chicago behauptet, dass Menschen, die ihre Bedürfnisse einem größeren Ziel unterordnen und nicht jedem Impuls sofort nachgeben, zufriedener sind und mehr positive Gefühle an den Tag legen. Die Studie bestätigt ebenfalls, dass man Selbstkontrolle trainieren kann und sie eher einem Muskel gleichkommt als einer göttlichen Gabe, von der manche Menschen profitieren und andere nicht.[30]

An dieser Stelle kommt der Egoismus ins Spiel, denn eine Metastudie der Universität von New York erfasste 94 Studien, die sich mit dem Scheitern oder dem Gelingen von Projekten beschäftigten. Die Gründe hierfür sind natürlich komplex. Doch zumindest drei Punkte kristallisierten sich als sehr wichtig heraus: der Glaube an die eigenen Fähigkeiten und an die eigene Wirksamkeit, die schonungslose Selbstreflexion, in welchen Bereichen eine Verhaltensänderung überhaupt notwendig ist, sowie die Fähigkeit, mit den eigenen Kräften haushalten zu können und sich nicht völlig zu verausgaben.[31]

Alle drei Aspekte entspringen der Fähigkeit des Selbstbewusstseins, der Selbstliebe und der schonungslosen Selbstreflexion. Sie stellen Elemente dar, die der gesunde Egoist beherrscht und dadurch erst ein glückliches Leben führen kann.

HALTEN SIE IHRE STANDARDS

Jeder von uns hat Vorlieben, Standards und Dinge, die ihn glücklich machen. Verzichten Sie nicht auf diese Dinge, sondern gönnen Sie sich diese so oft wie möglich. Und lassen Sie nicht zu, dass Ihre Standards unberücksichtigt bleiben.

Wenn Ihnen Ihr Hotelzimmer nicht gefällt, verlangen Sie ein anderes, für Sie passenderes. Weshalb sollten Sie, aus falscher Bescheidenheit heraus, Ihren Urlaub nicht so verbringen, wie Sie es sich vorgestellt haben? Nur, um dem Konflikt mit dem Hotelpersonal zu entgehen? Das würde überhaupt keinen Sinn machen, sondern nur zeigen, dass Sie es sich nicht wert sind, für Ihre eigenen Werte und Standards einzustehen.

Wenn Sie stilles Wasser bestellt haben, aber kohlensäurehaltiges bekommen, verlangen Sie das, was bestellt wurde. Wenn Sie in einem Restaurant nur noch einen Platz finden, der nicht Ihren Vorstellungen entspricht, gehen Sie. Geben Sie sich nicht mit weniger zufrieden, sondern erfüllen Sie Ihren eigenen Standard. Es geht darum, dass Sie sich selbst gut behandeln. Dies bedeutet nicht, wie oftmals angenommen wird, dass Sie andere deshalb schlechter behandeln. Im Gegenteil: Wir behandeln andere oft schlecht, wenn es uns selbst nicht gut geht.

Ich übernachte häufig in Hotels und esse gerne Rührei zum Frühstück. Leider werden solche Speisen auf vielen Buffets offen unter Wärmelampen präsentiert. Was zur Folge hat, dass das Rührei eine Kruste entwickelt. Und ich hasse das zutiefst. Deshalb bitte ich die Küche, mir eine frische Portion zu kochen. Das sorgt zwar stets für Augenrollen, aber das nehme ich gerne in Kauf, denn schließlich bin ich nicht dafür da, dem Hotelpersonal einen guten Tag zu bescheren, sondern mir selbst. Außerdem schlage ich mit diesem Wunsch keinesfalls über die Stränge. Es wäre etwas anderes, wenn ich mir ein frisch gebratenes Straußenei bestellen würde.

Ich möchte den Tag so beginnen, wie es mir gefällt, und möchte mein Frühstück genießen. Dafür bedanke ich mich anschließend mit einem üppigen Trinkgeld und einem Lob an den Koch (sofern das Essen auch tatsächlich gut war).

Es kommt nämlich schon auch auf die Art und Weise an, wie Sie Ihren Egoismus kommunizieren. Wenn Sie das Personal wie den letzten Dreck behandeln, ist dies nicht in Ordnung und zeigt, dass Sie nicht in Ihrer Mitte sind und mit Ihrem Verhalten lediglich irgendetwas kompensieren müssen. Außerdem würden Sie sich auf Dauer mit solch einem Verhalten nur selbst schaden.

Der gesunde Egoist bleibt freundlich und bestimmt beim Kommunizieren seiner Anliegen. Er behandelt Menschen mit Respekt, weil er für sich selbst Respekt empfindet. Wer sich selbst nicht mag, wird sich schwer damit tun, zu anderen freundlich zu sein. Somit hilft der gesunde Egoismus allen Beteiligten. Ich bin immer wieder erstaunt, wie unfreundlich arme und wie freundlich reiche Menschen zu anderen Menschen sind. Mir fällt dies besonders dann auf, wenn etwas in erste und zweite Klasse getrennt ist – im Flugzeug zum Beispiel oder in der Bahn. Ich reise grundsätzlich erster Klasse bzw. Business Class. Dort gehen die Gäste respektvoll und freundlich mit dem Personal um. In der zweiten Klasse sieht das leider ganz anders aus. Dort gibt es den meisten Ärger.

Hier noch ein Tipp, um noch schneller die eigenen Wünsche erfüllt zu bekommen: In einem Hotel, in dem Sie öfter zu Gast sind, hilft es auch, anfänglich übertrieben hohe Trinkgelder zu geben, damit man Sie schnell besser behandelt als den Durchschnitt. Menschen sind berechenbar, es funktioniert. Auch persönliches und aufrichtiges Lob hilft.

Am Beispiel des Lobes sehen wir, dass Egoismus hier allen hilft. Damit ich meine egoistischen Wünsche leichter befriedigen kann, streichle ich das Ego des Gegenübers. Alle fühlen sich besser: eine Win-win-Situation.

BLEIBEN SIE ANDEREN NICHTS SCHULDIG

Gute Egoisten beuten andere Menschen nicht aus, um selbst erfolgreich zu sein. Denn das würde heißen, dass sie von dem anderen abhängig sind und dem anderen etwas schulden. Es ist vielmehr ein Tauschhandel. Sie führen eine Art Verhandlung mit Ihrem Gegenüber darüber, was Sie wollen, und gleichzeitig, was Sie anzubieten haben. Ihr Gegenüber kann dann entscheiden, ob er in diesen Tausch einsteigt, indem er seinen Teil dazu beiträgt oder nicht. Als Egoist versuchen Sie, das Beste für sich herauszuholen. Dem ökonomischen Prinzip folgend, möchten Sie bei kleinstmöglichem Einsatz das größtmögliche Ergebnis erzielen.

Sie möchten zum Beispiel mit so wenig Geld wie möglich so viele Waren wie möglich kaufen. Das schaffen Sie, indem Sie mit dem Verkäufer über den Preis verhandeln. Dabei signalisieren Sie die ganze Zeit über, dass Sie sofort gehen werden, wenn auf Ihre Forderungen nicht eingegangen wird. Das können Sie in einem Geschäft auch dadurch unterstreichen, indem Sie sich von der Ladentheke oder dem Produkt in Richtung Ausgang wenden. Nun kann der Verkäufer entscheiden, ob er Ihr Angebot annimmt oder Sie als Kunden verliert. Meiner Erfahrung nach bekommen Sie in über der Hälfte der Fälle das Produkt günstiger, besonders dann, wenn Sie mehrere Waren kaufen.

Jetzt wenden natürlich die Gerechtigkeitsfanatiker ein, dass der arme Ladenbesitzer dadurch pleitegehen wird. Das ist nicht der Fall. Denn auch der Ladenbesitzer handelt nach dem ökonomischen Prinzip. Er kauft die Waren bei seinem Lieferanten möglichst billig ein und bietet sie im Laden zum höchstmöglichen Preis an. Je nachdem, ob er direkt beim Hersteller bezieht, kann die Gewinnspanne das Fünffache betragen, manchmal sogar das Zehnfache. Er kauft ein Produkt für zwei Euro ein und bietet es für zehn oder gar zwanzig Euro im Laden an. Das sind Informationen, die Sie ganz leicht recherchieren können.

Egoismus und Erfolg

In Urlaubsländern kann dies noch viel drastischer ausfallen. Auf vielen türkischen Basaren gilt, dass Händler eine Ware einkaufen, den Einkaufspreis verdoppeln und dann eine Null anhängen. Dies ist dann ihr – viel zu hoher – Verkaufspreis, mit dem sie in die Verkaufsverhandlung mit den Touristen gehen. Wenn der Händler also bei seinem Lieferanten ein Stück für fünf Euro eingekauft hat, bietet er es für 100 Euro an. Das ist eine beachtliche Gewinnmarge. Deshalb fällt es dem Händler nur scheinbar schwer, sich herunterhandeln zu lassen. Viele Touristen bezahlen sogar gleich die 100 Euro, weil sie den Mechanismus der Preisfindung nicht kennen.

Aber selbst in diesem Moment der Preisverhandlung gewinnen alle Beteiligten. Der Tourist freut sich, weil er den Verkäufer um 20 Prozent heruntergehandelt hat. Der Verkäufer freut sich, weil er 75 Euro Gewinn gemacht hat.

In Europa gelten natürlich ähnliche Rahmenbedingungen, sonst könnte kein Händler sein Leben bestreiten, das ist völlig klar. Sie brauchen also kein schlechtes Gewissen zu haben, wenn Sie einen Händler unter Druck setzen, den Preis zu reduzieren.

Außerdem gilt auch hier: Der Händler ist in der Eigenverantwortung. Er allein muss wissen, ob und zu welchem Preis er die angebotene Ware verkaufen kann. Wenn er zu der Meinung gelangt, dass er sie zu keinem höheren Preis verkaufen kann, wird er wohl Ihren Forderungen nachkommen. Wenn dies nicht der Fall ist, wird er auf den Kunden warten, der bereit ist, auf seine Forderungen einzugehen.

In der Wirtschaft funktioniert es so und nicht anders. Es werden keine Almosen verteilt. Darüber hinaus ist es völlig natürlich, dass Unternehmen, die nicht konkurrenzfähig sind, vom Markt verschwinden. Es passiert jeden Tag, ob mit oder ohne Ihr persönliches Zutun.

Ähnlich verhält es sich mit vielen Angeboten und Dienstleistungen. Denken Sie stets daran: Als guter Egoist müssen Sie dasselbe tun. Sie müssen so viel Geld nehmen, wie nur möglich, bis man Ihnen Einhalt gebietet. Keine falsche Bescheidenheit.

ALTRUISTEN SIND KRANK

Altruisten sind nur dann glücklich, wenn sie anderen Menschen helfen können. Sie beziehen ihren Selbstwert nur aus dem Zuspruch und der Dankbarkeit anderer. Dadurch sind sie abhängig von anderen. Sobald die Menschen die Hilfe nicht mehr brauchen oder nicht mehr in Anspruch nehmen möchten, steht der Altruist allein und ohne Selbstwert da.

Er ist nur eine Haaresbreite davon entfernt, eine Zwangsstörung zu entwickeln. Dann sucht er zwanghaft nach Gelegenheiten, helfen zu können, um sich gebraucht und wertgeschätzt zu fühlen. Das hat zum Ergebnis, dass der andere in die Opferrolle gedrängt wird, um sich selbst und dem eigenen Wirken Sinn zu verleihen. Völlig verdreht. Aus dem vermeintlichen Retter wird ganz schnell ein »verdeckter« Täter. Vielleicht haben Sie solche Situationen schon einmal selbst miterlebt. Es gehört sehr viel Selbstreflexion dazu, um solche Konstellationen zu erkennen und aufzulösen.

Egoismus und Erfolg

Es ist beinahe wie beim Drogenkonsum: Am Anfang beginnt es mit einer Geste hier und einer Hilfeleistung dort. Das Hirn gewöhnt sich daran, im Hilfemodus zu verharren.

Kindesentführungen durch Frauen nehmen oft so ihren Anfang: Eine Mutter verliert ihr Kind und fühlt sich nicht mehr gebraucht. Sie sucht einen Ersatz und nimmt sich ein Kind, das nicht ihres ist. Tragisch, wenn sich Menschen nicht selbst schätzen. An diesem Beispiel sieht man, was fehlendes Selbstbewusstsein auslösen kann. Zum Schaden aller Beteiligten. Denn würde die Mutter einen gesunden Egoismus leben, dann wäre sie auch alleine glücklich und müsste kein Verbrechen begehen.

Osho drückt es etwas spiritueller aus, wenn er sagt: »Nur jene Menschen, jene vereinzelten Menschen, die allein in ihrem Sein bestehen können, in ihrer Klarheit, in ihrem Licht, jene, die zu ihrem eigenen Licht gefunden haben, zu ihrem eigenen inneren Reich, das ihr Zuhause und ihre ewige Heimat ist – diese vereinzelten Menschen sind die Kaiser. Das ganze Universum ist ihr Reich. Und sie brauchen es nicht erst zu erobern, es ist schon erobert. In dem Moment, in dem du dich selbst erkennst, hast du es erobert.«[32]

Lassen Sie sich die folgende Geschichte eines Mannes, der sich für seine Familie und für seinen Beruf aufopferte, eine Lehre sein. Er wollte für seine Familie da sein, aber ging auch gleichzeitig einem Job nach, der ihm eigentlich nicht gefiel. So vergeudete er zwölf Stunden am Tag bei der Arbeit, und das über 20 Jahre hinweg.

Das ging lange gut, doch eines Tages wachte er auf und spürte seine gesamte linke Körperhälfte nicht mehr. Schockiert suchte er einen Arzt auf. Dieser stellte dann fest, dass der Mann sechs (!) Blutgerinnsel im Gehirn hatte. Er wurde von heute auf morgen zu einem Pflegefall, und dies alles, weil er sich von seinen Bedürfnissen abgewendet und die Zeichen des Körpers ignoriert hatte.

Übrigens gilt dies auch für das gegenteilige Handeln: Wer nur auf sich schaut und dabei keine Skrupel im Hinblick auf andere Menschen hat, schadet damit nicht nur anderen, sondern letztlich auch sich selbst.

HEUCHELEI MUSS NICHT SEIN

Ich war als Gast in der SWR-Talkshow »Nachtcafé« zum Thema Egoismus eingeladen. Mir gegenüber saß ein Philosoph, der in den Medien sehr bekannt ist. Nachdem ich erklärt hatte, dass ich meinen Erfolg auf meinen Egoismus zurückführe, ich selbst an erster Stelle in meinem Leben stehe und Kontakt zu Menschen abbräche, mit denen ich keine Zukunft sähe, gab er etwas von sich, das ich als heuchlerisch empfand.

Der Moderator fragte ihn nämlich, ob es gesund sei, was ich da von mir gäbe. Der Professor warnte mich dann, dass man im Alter auch auf Freunde und Familie angewiesen sei und man deshalb nicht so egoistisch sein solle.

Mal davon abgesehen, dass es irgendwie heuchlerisch ist, nur nett zu anderen zu sein, damit sie einem später mal die Windeln wechseln, spricht die Statistik sowieso gegen dieses Argument. Ich habe einmal eine Umfrage unter Senioren gelesen, die ergab, dass sich über 60 Prozent mehr Kontakt zu ihren Kindern wünschen – sie fühlen sich schlichtweg einsam. Jeder Dritte muss Weihnachten allein verbringen.

Zu glauben, dass die Familie irgendwann für Sie da ist, klingt zwar romantisch, aber die Realität sieht anders aus. Die Seniorenheime sind rappelvoll und auf Jahre hinweg ausgebucht. Sie fangen also besser an zu sparen, denn eines Tages werden Sie entweder dort enden oder Sie sind wohlhabend genug, eine Pflegekraft bei sich einziehen zu lassen.

Gut, die Frage des Moderators war schon manipulativ gestellt. Natürlich ist es gesund, egoistisch zu sein, wie Sie an den Belegen in diesem Buch erkennen können. Dass der Professor dann selbst mit einem »egoistischen« Argument kommt, entbehrt nicht einer gewissen Ironie.

Wussten Sie, dass viele Senioren sich nur deshalb etwas zur Rente hinzuverdienen, weil sie Geld zur Bestechung benötigen? Das ist leider kein Scherz. Senioren wissen, dass die Kinder und Enkel öfter vorbeikommen, wenn es für den Besuch eine finanzielle Belohnung gibt.

Wenn Sie Zuneigung kaufen müssen, ist es eigentlich eine Art von Prostitution. Zugegeben, das klingt in diesem harmlosen Zusammenhang leicht übertrieben. Aber zumindest können wir uns in einer Sache einig sein: Wenn Sie andere bestechen müssen, damit sie Zeit mit Ihnen verbringen, haben Sie keine gesunde Beziehung aufgebaut. Dies ist in der Regel dann der Fall, wenn Sie keine gute Beziehung zu sich selbst haben. Gute Egoisten haben die beste Beziehung zu sich selbst und bauen deshalb auch ein gutes Verhältnis zu anderen auf. Sie müssen andere nicht an sich ketten, damit sie bei ihnen bleiben. Von ihnen geht eine Sogwirkung aus, weil sie glückliche Menschen sind, die in sich ruhen und unabhängig sind. Das fasziniert andere Menschen. Nicht das Zwangsgefühl, ihnen etwas schuldig zu sein. Ich sehe es zum Beispiel nicht so, dass Sie Ihren Eltern etwas schulden. Sie haben nicht entschieden, auf die Welt zu kommen. Ihre Eltern haben das entschieden. Das ist übrigens ein einseitiger Vertrag, der im rein juristischen Kontext gar nicht möglich ist.

LASSEN SIE SICH NICHT AUSNUTZEN

Kaum jemand handelt völlig uneigennützig. Besonders kritisch wird es, wenn Sie etwas vermeintlich kostenlos bekommen. Denken Sie nur an das soziale Netzwerk Facebook, das in diesem Bereich zum größten Unternehmen der Welt avanciert ist.

Die Nutzung für die zwei Milliarden User ist kostenfrei – sehr sozial. Aber behalten Sie immer die folgende Marketing-Weisheit im Hinterkopf: Wenn das Produkt kostenlos ist, bist du das Produkt. So ist es auch bei Facebook. Denn Facebook ist eines der perfektesten Werbeprodukte der Marketinggeschichte.

Sie als Nutzer geben Ihre Vorlieben und Bedürfnisse entweder direkt bei der Anmeldung an und ermöglichen es dem Unternehmen so, Ihnen auf Sie zugeschnittene Werbung anzubieten. Dafür zahlt das werbende Unternehmen proportional viel Geld, denn der Streuverlust ist dadurch auf ein Minimum reduziert.

Und selbst wenn Sie bei der Anmeldung denken, Sie sind schlau und verraten Facebook nicht, was Ihnen gefällt, geben

Sie es über einen gewissen Zeitraum doch preis – durch Ihr Nutzungsverhalten. Die Plattform behält Ihre Aktivitäten pausenlos im Auge und sieht dadurch, worauf Sie klicken, was und wie Sie kommentieren und zu welchen Uhrzeiten Sie aktiv sind. So erstellt das Unternehmen über einen Umweg dennoch ein ziemlich genaues Profil von Ihnen, das es an Werbetreibende für gutes Geld verkauft.

Am Beispiel der sozialen Medien zeigt sich mithin auch sehr schön, dass vom Egoismus eigentlich alle profitieren können. Facebook ist als Unternehmen egoistisch, weil es möglichst hohe Umsätze und Gewinne erzielen möchte. Deshalb erstellt es so viele brauchbare Features wie möglich, um die Kundenbedürfnisse tatsächlich zu befriedigen und sie dazu zu bekommen, aktiv zu sein.

Die User wiederum möchten gerne zeigen, wer sie sind, was sie können und wie sie ihr Leben gestalten. Deshalb verraten sie ihre Vorlieben etc. Die Werbetreibenden bekommen dadurch sehr viele brauchbare Informationen, die sie für ihre Werbeaktivitäten nutzen können. Gleichzeitig sehen die User nur die für sie relevanten Werbeinhalte und die Werbetreibenden sparen dadurch Geld und können gleichzeitig mehr davon auf Facebook ausgeben. Facebook kann daher wieder mehr Geld an seine Aktionäre auszahlen und mit noch besseren Features aufwarten. Ein positiver Kreislauf, der durch Egoismus befeuert wird.

Hier wird ein optimales Zusammenspiel aus egoistischen Motiven deutlich, bei dem alle gewinnen können. Zumindest, wenn Sie es verstehen, für sich das meiste herauszuholen. Ich bin seit 2005 in Onlinenetzwerken aktiv. Und zwar in erster Linie beruflich. Der Grund dafür: Ich wollte nicht lediglich Konsument sein, ich wollte auch etwas produzieren. Erfolg, für mich. Also begann ich damit, die Netzwerke wie Xing (das damals noch OpenBC hieß), Facebook, Instagram und viele weitere für meine eigenen Zwecke auszunutzen. All diese Netzwerke sind kostenlos nutzbar, was bedeutet, dass die Unternehmen mit meinen Daten und meinem Nutzungsverhalten Geld verdienen. Also sehe ich zu, dass ich den Spieß umdrehe und ebenso Profit aus der Plattform schlage. Ich habe diese Plattformen massiv dafür genutzt, auf meine Person, Marken und Bücher aufmerksam zu machen. Sicherlich haben die Plattformen in den letzten 15 Jahren viel Geld mit meinen Daten verdient. Aber ich habe dafür gesorgt, dass mein Vorteil noch viel größer ausfiel. Ohne Übertreibung: Es war für mich Millionen wert. Und außerdem habe ich großartige Menschen auf diesen Plattformen kennengelernt, mit denen ich heute befreundet bin oder die für mich arbeiten. Zudem erreiche ich dort Hunderttausende Menschen, denen ich meine Botschaften mitteilen kann. Außerdem greifen die Medien immer wieder meine Inhalte auf diesen Plattformen auf, zum Beispiel im Fernsehen, und verbreiten damit meine Marke millionenfach. Für mich stellt dies ein passables Tauschgeschäft dar.

GEDULD UND DER MARSHMALLOW-EFFEKT

Gute Egoisten sind geduldige Zeitgenossen. Denn eines ist Egoisten sehr wichtig: Unabhängigkeit und nicht erpressbar zu sein. Wer ungeduldig ist, ist abhängig und erpressbar. Geduldige Menschen hingegen sind nicht von der sofortigen Befriedigung abhängig und bieten dadurch wenig Angriffsfläche.

Vielleicht kennen Sie auch den berühmten Marshmallow-Effekt. Dieser beschreibt, wie wichtig Impulskontrolle für den persönlichen Erfolg ist. Diese Erkenntnis geht auf ein Stanford-Experiment aus den Sechzigerjahren des letzten Jahrhunderts zurück.

Der Erfinder dieses Experiments, Walter Mischel, wurde weltberühmt. Nicht wegen der Durchführung an sich, sondern wegen der Ergebnisse dieser Testungen, die in einer Stanford-Kita durchgeführt wurden. Die Versuchspersonen waren Kinder, denen ein Marshmallow angeboten wurde, mit dem Zusatz, dass sie einen weiteren bekommen könnten, wenn sie mit dem Verzehr des ersten warten würden, bis der Versuchsleiter wieder den Raum betritt.

Die Kinder, die ihren Impuls, den Marshmallow sofort zu essen, unterdrücken konnten, waren im Erwachsenenalter wesentlich erfolgreicher als die Marshmallow-Sofort-Verzehrer. Mischel fand über die Langzeitstudie heraus, dass die Kinder, die über mehr Selbstkontrolle verfügten, später seltener an Borderline-Störungen litten und weniger oft drogenabhängig wurden.

Als Grund für diese Ergebnisse wird der Belohnungsaufschub gesehen, der ein gewichtiger Teil der Selbstkontrolle ist. Dies leuchtet ein. Wer dauernd kurzfristige Ziele verwirklicht und dadurch langfristige Ziele vernachlässigt, wird es schwer haben, diese auch zu erreichen.

Wenn Sie beispielsweise Ihr Geld ständig sofort ausgeben, statt es für größere Anschaffungen zu sparen, werden Sie den notwendigen Betrag nicht zusammenbekommen und müssen sich in finanzielle Abhängigkeit begeben – etwa bei einer Bank, um Ihre große Anschaffung schließlich tätigen zu können. Langfristig wird dies aber richtig teuer für Sie, da Sie für den Kredit Zinsen zahlen müssen. Wenn Sie den Betrag allerdings sparen und ihn nicht für kurzfristige Lustbefriedigung benutzen, wird es wesentlich günstiger für Sie.

Wenn Sie ein Instrument erlernen möchten, dürfen Sie auch nicht ständig kurzfristigen Impulsen nachgeben. Denn nicht immer werden Sie die absolute Motivation verspüren, sich dem Frustpotenzial des Erlernens eines Instruments hinzugeben. Und häufig locken dann die Couch und der Fernseher, um Sie in ihren Bann zu ziehen. Verfügen Sie jedoch über genügend Selbstkontrolle, kann nichts und niemand Sie von Ihrem Weg abbringen, schon gar nicht Sie selbst.

Wenn Sie ein Unternehmen gründen, dann achten Sie darauf, behutsam zu wachsen. Haben Sie Geduld beim Aufbau und gehen Sie keine unnötigen Risiken ein, die nur in kurzfristigen Erfolgen resultieren. Machen Sie bei diversen Angeboten und Kooperationsanfragen einen Schritt zurück und bewahren Sie einen kühlen Kopf. Was kurzfristig nach einer wirklich guten Idee klingt, kann sich langfristig negativ auf Ihr Ziel auswirken. Hier reden wir auch vom Gesetz des Fokus. Der Hund, der mehr als einem Hasen nachjagen will, fängt keinen. Wer sich an jeder Ecke von einer neuen Idee ablenken lässt, wird nicht erfolgreich werden.

Geduld, also die eigenen Bedürfnisse auch mal hintanzustellen, um ein noch größeres Bedürfnis zu befriedigen, ist unheimlich wichtig, wenn Sie Ihr Lebensglück maximieren möchten.

Egoismus und Erfolg

ABHÄNGIGKEIT HAT EIN GUTER EGOIST NICHT NÖTIG

Ungeduld geht in der Regel mit Kompromissen einher. Als Egoist versuchen Sie jedoch, so wenig Zugeständnisse wie möglich zu machen. Sie wollen ja den ganzen Kuchen, nicht nur ein Stück. Ein Kompromiss bedeutet schließlich auch, dass Sie ein Stück weit von Ihren Forderungen abgehen. Das lässt sich manchmal nicht vermeiden, doch es sollte nicht Ihr Hauptziel sein, einen Kompromiss zu erzielen, mit dem alle Parteien leben können. Das klingt zu sehr nach Durchschnitt. Stellen Sie sich vor, Ihr Partner sagt zu Ihnen, es war der beste Kompromiss, Sie auszuwählen oder Sie zu heiraten. Nein, Kompromisse sind selten die richtige Wahl. Ich will das Maximum aus meinem Leben herausholen und dazu bedarf es so wenig an Zugeständnissen wie nur irgend möglich, schon gar kein falsch verstandenes Entgegenkommen, bei dem im Endeffekt alle Parteien verlieren.

Alles ist Verhandlungssache – und darum müssen Sie zusehen, immer in der stärkeren Position zu sein. Als Egoist nehmen Sie immer, so viel Sie bekommen können. So lange, bis Ihnen jemand Einhalt gebietet und eine rote Linie zieht.

Um das Maximum aus einer Situation für sich herauszuholen, dürfen Sie deshalb niemals erpressbar sein. Somit hat die Gegenseite keine Argumente, Sie in eine bestimmte Richtung zu drängen oder Gefälligkeiten einzufordern.

Eine der größten Abhängigkeiten, in die sich Menschen freiwillig begeben können, sind Kredite. Kredite sind etwas für ungeduldige Menschen, die etwas sofort haben wollen, was Sie sich eigentlich gar nicht leisten können – bzw. noch nicht leisten können. Trotzdem fallen jeden Tag Millionen von Menschen auf den Trick der Finanzindustrie herein, etwas sofort haben zu können.

Die Ungeduld der Menschen ist ein Billionen-Geschäft. Ja, richtig gelesen. Laut dem Allianz Global Wealth Report aus dem Jahr 2017 liegt die weltweite Verschuldung privater Haushalte bei rund 40 Billionen Euro. Kaum ein Geschäft ist so einträglich und zugleich toxisch wie das Geschäft mit Krediten.[33]

Menschen leihen sich Geld für allerlei Dinge. Der Urlaub auf den Malediven zählt genauso dazu wie das Eigenheim. Schlimmer noch: Viele Menschen leihen sich Geld für Dinge, die sie gar nicht brauchen, um Menschen zu beeindrucken, die sie gar nicht mögen. Diese Personen sind in doppeltem Sinne abhängig. Vom Kreditgeber und von der Anerkennung anderer Leute.

Vielleicht haben Sie schon einmal erlebt, was geschieht, wenn Sie eine Rate an die Bank nicht zahlen. Sie macht Ihnen die Hölle heiß und droht unmittelbar mit Konsequenzen. Das wirkt sich nicht nur negativ auf Ihr Verhalten und Denkvermögen aus, sondern es zerstört auch Ihr Selbstwertgefühl und Ihr Gemüt. Es ist traurig, wie viele Beziehungen und Ehen daraufhin ihr Ende finden.

Als guter Egoist befreien Sie sich von diesem Ballast bzw. begeben sich erst gar nicht in eine solche Situation. Einige Menschen sind von Natur aus mit einem geduldigen Wesen gesegnet. Alle anderen müssen Geduld trainieren. Sie können sich Dinge erst kaufen, wenn Sie sie sich erarbeitet haben und bar bezahlen können. Und Sie gehen eine dauerhafte

Verpflichtung (wie einen Mietvertrag) nur dann ein, wenn Sie sicher sein können, dass Sie ihn bedienen können.

DAS PRINZIP DES LOSLASSENS

Was aber, wenn Sie sich bereits in einer solchen Zwangssituation befinden? Es gibt ein Prinzip, das mit Geduld unmittelbar in Zusammenhang steht: das Prinzip des Loslassens.

Wenn Sie erpressbar und in einer Situation abhängig geworden sind, dann lassen Sie los. Lösen Sie sich lieber von etwas und gewinnen dadurch Ihre Freiheit zurück, als krampfhaft an etwas festzuhalten, das Sie erdrückt.

Jeder kennt das Sprichwort: »Lieber ein Ende mit Schrecken als ein Schrecken ohne Ende!« Und dennoch handeln die wenigsten nach diesem Prinzip, sondern wursteln sich einfach weiter durchs Leben.

Ihre Freiheit ist mehr wert, als jedes Häuschen im Grünen, das Ihnen schlaflose Nächte bereitet, es jemals sein könnte. Es passiert nicht selten, dass Sie etwas loslassen müssen, um anschließend etwas noch viel Wertvolleres erhalten zu können. Die Natur versucht stets, ein Vakuum zu füllen. Lassen Sie etwas los, wird etwas Neues (oft Besseres) diesen Platz einnehmen. Zuvor muss jedoch der Platz dafür geschaffen werden. Dieses Loslassen geschieht nicht immer aktiv durch uns, ist aber immer für uns bestimmt.

In seinem Buch: *Wu wei – Die Lebenskunst des Tao* formuliert Theo Fischer einen sehr ähnlichen Gedanken, wenn er sagt, es sei nicht schlimm, wenn das eigene Haus abbrenne.

Man könne sich gewiss sein, dass es nur deshalb abgebrannt sei, weil man ein besseres bekomme.

Egoisten verbinden also mit dem Prinzip des Loslassens etwas Positives. Wenn Sie etwas loslassen und Ihre Abhängigkeit eliminieren, hat die Gegenseite kein Druckmittel mehr, Sie zu erpressen oder zu einem bestimmten Verhalten zu bewegen. Im *Buch des Mirdad* gibt es folgende Passage: »(...) denn der Mensch wird von allem festgehalten, was er festhält. Laßt euren Griff auf die Dinge los, wenn ihr nicht in ihrem Griff sein wollt.«[34]

Um den berühmten Alexander den Großen ranken sich etliche Mythen und Geschichten. Alexander war der Eroberer der Antike und war nicht zimperlich dabei, Menschen das Leben zu nehmen. Bei einem Bettler, der ihm nackt gegenüberstand und keinerlei Widerstand leistete, brachte er es nicht übers Herz, ihn zu töten. Der Bettler meinte, es stehe Alexander frei, ihm hier und jetzt mit dem Schwert ein Ende zu bereiten. Es sei ihm völlig egal.

Alexander der Große kannte solch ein Verhalten nicht. Stets flehten seine Gegner um Erbarmen und um ihr Leben. Sie leisteten Widerstand und dies machte es ihm leicht, sie zu töten. Der Bettler, der keinerlei Anstalten zeigte, weiterzuleben, und sprichwörtlich wirklich alles losließ, bot Alexander dem Großen keine Angriffsfläche. Sosehr Alexander sich auch anstrengte, er konnte ihn nicht töten.

Fragen Sie sich stets, was im schlimmsten Fall passieren kann. Und ob es nicht auch möglich wäre, diesen schlimmsten Fall zu überstehen. Schwierig wird es so oder so, also entscheiden Sie sich für Ihren selbst gewählten Weg. Tatsächlich ist es aber so, dass in der Regel gar keine so schlimmen Dinge passieren. Die Ereignisse treten oftmals nicht im Ausmaß unserer persönlichen Albträume ein.

Vielleicht warten unbequeme Gespräche oder Situationen auf Sie, aber die sind meistens nicht so unangenehm, wie wir sie uns ausmalen. Die Flucht nach vorne ist immer noch die beste Wahl. Freunden Sie sich mit dem Schmerz an.

Nehmen Sie jegliche Konsequenzen, in jeder Verhandlungssituation, mit offenen Armen an und sagen Sie: »Ich will es nicht mehr. Ich bin nicht mehr interessiert. Es ist mir egal. Ihr könnt machen, was ihr wollt.« Und Sie werden erstaunt sein, wie sich auf einmal die Machtverhältnisse umdrehen.

Denn jetzt haben Sie den Ball zurückgespielt und die andere Seite muss entscheiden, wie sie weiter verfährt. Schätzungsweise in acht von zehn Fällen wird Ihnen die Gegenseite ein Angebot machen, das Sie vorher niemals bekommen hätten. Weil Ihre Erpressbarkeit auf null gesunken ist.

Wir Menschen kennen nur zwei Verhaltensweisen: Lust gewinnen und Schmerz vermeiden. Sie müssen diesen natürlichen Instinkt ausschalten. Denn ansonsten sind Sie durch beide Optionen leicht zu manipulieren. Sie wollen schnell Ihre Lust befriedigen, ohne die Konsequenzen im Auge zu behalten, oder Sie wollen den Schmerz vermeiden und sind leicht erpressbar. Auch hier gilt: Lassen Sie von diesen Gewohnheiten ab und gehen Sie unbeirrt Ihren eigenen Weg.

DIE BESTE BEZIEHUNG HAT DER EGOIST ZU SICH SELBST

Eine Liebesbeziehung ist per se egoistisch motiviert. Man beginnt eine Beziehung unter der Prämisse »Ich will mit diesem Menschen zusammen sein. Ich will diesen Menschen in meinem Leben haben.« Im schlimmsten Fall erwartet jemand sogar: »Ich will, dass dieser Mensch mich glücklich macht.« Das allerdings wäre die schlechteste Prämisse von allen. Denn in einem solchen Fall geben wir die Macht über unser Glück in fremde Hände. Und dennoch ist es offensichtlich, dass der überwiegende Teil aller Partnerschaften, die auf diesem Erdball gepflegt werden, genau diese Prämisse als Basis für das Eingehen und die Aufrechterhaltung einer Beziehung darstellt.

Die meisten Menschen lieben jemand anderen nur deshalb, weil sie selbst zurückgeliebt werden möchten. In diesem Fall ist die Liebe keine wirkliche Emotion, sondern eine Praktik. Man praktiziert die Liebe, um eben diese auch zurückzubekommen. Man möchte sich geliebt fühlen – nicht nur Liebe schenken.

Die beste und stärkste Beziehung müssen Sie, als guter Egoist, stets zu sich selbst pflegen. Die einzige Konstante in Ihrem Leben sind Sie – alle anderen Menschen in unserem Leben sind leider Gottes Variablen. Angefangen bei dem Menschen, mit dem wir eine Beziehung oder Ehe eingehen.

Die überwiegende Mehrheit der Beziehungen, die Menschen eingehen, endet eher früher als später mit der Trennung. Und sogar rund die Hälfte der geschlossenen Eheversprechen wird wieder gebrochen. Auch auf familiäre Beziehungen können wir nicht für immer und ewig zählen. Der einleuchtende Grund ist, dass Menschen sterben. Aber selbst zwischen lebenden Familienmitgliedern entstehen manchmal Brüche, die nicht wiedergutzumachen sind. Übrig bleiben am Ende immer Sie selbst. Wenn Sie sich selbst nicht lieben und gut mit sich selbst befreundet sind, wird nichts auf der Welt Sie glücklich machen können.

WAS IST EINE GUTE BEZIEHUNG?

Eine fruchtbare und erfüllende Beziehung entsteht dann, wenn beide Partner gut mit sich selbst zurechtkommen. Denn wer sich selbst liebt, kann auch andere lieben. Wir erinnern uns: Wer selbst keine Kraft hat, kann auch niemandem helfen. Wer nichts im Portemonnaie hat, kann niemandem etwas abgeben. Wer keine Liebe in sich trägt, kann auch keine schenken.

So groß und mächtig diese Erde auch scheinen mag, alles beginnt bei Ihnen. Letztlich dreht sich tatsächlich die ganze Welt um Sie – um niemanden sonst. Liebe springt dann auf jemand anderen über, wenn Sie selbst vor Liebe überlaufen. Sie müssen es sich vorstellen wie ein Glas. Dieses Glas symbolisiert Ihren Gefühls- bzw. Liebeshaushalt. Gießen Sie jetzt Wasser in dieses Glas, füllt es sich mit Liebe. In dem Moment, wo der Wasserstand den Rand des Glases erreicht, sind Sie erfüllt. Mit Liebe zu sich selbst. Wenn Sie jetzt weitergießen, überschwemmt die Liebe sozusagen das Glas und kann auf andere übergehen. Nur weil Sie eine Beziehung zu einem anderen Menschen pflegen, dürfen Sie nicht aufhören, Ihr eigenes Glas zu befüllen. Wer gibt, muss auch tanken.

Kennen Sie auch diese Menschen, die Angst vor dem Alleinsein haben? Dies sind gefährliche Energiesauger, denn sie sind süchtig nach der Anwesenheit anderer Menschen oder eines bestimmten Menschen. Sie werden Sie so fest umschlingen, dass Sie keine Luft mehr zum Atmen bekommen. Egoisten pflegen das Alleinsein – die Intimität mit sich selbst. Sie sind gern mit sich selbst zusammen, weil sie in sich selbst einen unterstützenden und liebenden Begleiter haben. Und es gibt einen himmelweiten Unterschied zwischen Einsamkeit und Alleinsein.

Eines der Grundbedürfnisse des Menschen ist laut Maslow – der Urheber der berühmten Bedürfnispyramide – der Drang nach sozialem Anschluss. Menschen haben gern andere Menschen um sich und gehören auch gerne einer Gruppe an.

Wenn wir uns vorstellen, ganz allein auf der Welt zu sein und nie mit jemandem reden zu können, wäre das Einsamkeit. Wir brauchen die Interaktion mit anderen Menschen – auch, um uns selbst zu entwickeln und messen zu können. Wer aber ständig andere Menschen um sich herum braucht, um sich wertvoll zu fühlen, hat ein niedriges Selbstwertgefühl. Es ist wie in der Medizin. Die Dosis macht das Gift.

Mir ist diese Tendenz besonders bei der jungen Generation Z aufgefallen. Ich betreibe Profile von mir auf diversen sozialen Plattformen wie YouTube, Facebook und Instagram. Als die Plattform TikTok in Deutschland salonfähig wurde, eröffnete ich auch dort ein Profil. Das Publikum hier ist sehr jung und besteht nahezu ausnahmslos aus Angehörigen der Generation Z (Geburtenjahrgang 1997-2012).

Mein Team und ich begannen, Videoausschnitte aus meinem Alltag dort hochzuladen, um dem Publikum einen ersten Eindruck von meiner Person zu geben. Und ja, mein Alltag wirkt manchmal ganz schön abgehoben. Julien sitzt in einem Privatjet und geht einen Vertrag durch, Julien steigt aus einem Hubschrauber, Julien auf einer Mega-Yacht im Mittelmeer, Julien, kurz vor einem Bühnenauftritt vor 5000 Leuten backstage, wird verkabelt und lauter solche Szenen. Weil ich mich für diese Seite des Erfolgs nicht schäme und es sehr genieße, wüsste ich nicht, warum ich es verheimlichen soll.

Ich war über die Reaktionen des TikTok-Publikums sehr überrascht – vielleicht sogar erschrocken. Denn neben »Reiche sind böse« war einer der häufigsten Kommentare »Der Typ sieht einsam aus.« Diese Antworten zeigten mir, wie sehr Menschen Angst davor haben, mit sich selbst allein zu sein. Es schlägt in dieselbe Kerbe wie das Argument des Philosophen in der Talkshow, der mir sagte, dass mein Egoismus mich in die Einsamkeit führen würde.

Solche Aussagen sind nichts anderes als eine Projektion ihrer Ängste auf meine Person. Ich kann Ihnen versichern: Kaum jemand kennt und trifft so viele Menschen wie ich. Je nachdem, was für ein Tag gerade ist, habe ich mit bis zu 100 Menschen an einem Tag zu tun. Zudem umgeben mich ständig Mitarbeiter und Assistenten. Darüber hinaus führe ich auch noch eine glückliche Ehe.

Aber genau so, wie ich es genieße, neue Menschen kennenzulernen oder mit ihnen Zeit zu verbringen, mag ich die

Momente, in denen ich mit mir und meinen Gedanken alleine bin.

Der überwiegende Teil der Super-Erfolgreichen hat mir bestätigt, dass es ein gewisses Maß an Ruhe braucht, um im Leben voranzukommen. Wer ständig unter Dauerfeuer, Beschallung und Ablenkung steht, wird nichts zustande bringen. Heute besteht ein so großes Ablenkungspotenzial wie nie zuvor. Wie schon der US-Golfer Tom Kite sagte: »Du findest immer eine Ablenkung, wenn du eine suchst.« Smartphone, soziale Medien, das Fernsehen etc. machen es möglich, dass selbst 24 Stunden Dauerbeschallung keine Herausforderung mehr darstellen. All das führt uns weg von unserem Inneren, lenkt uns ab von unserem Kern, von unseren Wünschen und Bedürfnissen. Wenn sich dann jemand auf sich selbst besinnt, indem er das konzentrierte Alleinsein pflegt, wird er sofort als Sonderling abgestempelt. Es besteht ein himmelweiter Unterschied zwischen Einsamkeit und Alleinsein.

Egal, was andere auch sagen: Sie benötigen einen klaren und aufgeräumten Verstand. Und auch Ihren emotionalen Zustand müssen Sie im oberen Positivbereich halten, um außergewöhnliche Dinge zu vollbringen – oder um wenigstens glücklich zu sein. Wie wollen Sie das schaffen, wenn andere Menschen pausenlos ihre Sorgen und Nöte ungefragt bei Ihnen abladen? Es ist eine Unart sondergleichen, denn derjenige ist seinen Ballast los, und nun schleppen Sie ihn mit sich herum. Wenn Sie ein Beispiel für schlechten Egoismus suchen – das ist eines. Jeder ist für seinen Gemütszustand selbst verantwortlich. Beginnt jemand ungefragt, seine Sorgen bei Ihnen abzuladen, unterbrechen Sie ihn sofort. Vielleicht kommen Sie sich zuerst komisch dabei vor, wenn Sie sagen: »Entschuldige bitte, aber ich kann mir das gerade nicht anhören.« Auch Ihr Gegenüber wird etwas verdutzt sein, aber Sie können schnell das Thema wechseln oder, wenn möglich, den Ort verlassen. Langfristig wird es für Ihr Wohlbefinden einen riesigen Unterschied bewirken. Kurzfristig blicken Sie vielleicht in etwas verdutzte Gesichter. Aber Sie fassen ja auch nicht pausenlos in Hundescheiße, warum sollten Sie es mit dem geistigen Unrat anderer Leute tun? Hier gilt es, ein hohes Maß an mentaler Hygiene zu betreiben.

TAUSCHHANDEL IN DER BEZIEHUNG

Egoisten sind Einzelgänger, die nicht fähig sind, langfristige Beziehungen einzugehen – das ist der Tenor, der in der Gesellschaft vorherrscht. Es gibt kaum eine Annahme, die weniger zutreffend ist. Nur der Egoist ist fähig, eine gesunde Beziehung ohne Abhängigkeiten aufzubauen und zu pflegen. Das lässt sich auch beweisen.

Es ist kein leichtes Unterfangen, eine harmonische und respektvolle Beziehung aufrechtzuerhalten. Am Anfang einer Liebesbeziehung übernehmen noch allerlei Hormone und eine rosarote Brille die ganze Arbeit. Zwar läuft auch in dieser Zeit so einiges schief, aber die Beteiligten schenken diesen Dingen kaum Beachtung. Alles ist noch so aufregend und der Hormoncocktail aus Oxytocin, Dopamin und Serotonin macht uns so high, dass wir Negatives konsequent ausblenden. In dieser Anfangszeit erleben wir eine Situation, die uns auch an anderen Stellen des Lebens begegnet. Wir haben uns etwas in den Kopf gesetzt und suchen plötzlich nur noch nach positiven Argumenten, die unsere Entscheidung bestätigen. Wir verlieren die Realität aus den Augen.

Nach zwei Jahren – die Hormone beruhigen sich wieder – wird aus der Verliebtheit dann, im besten Fall, Liebe und Vertrautheit. Hier beginnen wir auch langsam, den anderen als das wahrzunehmen, was er wirklich ist: ein normaler Mensch, mit seinen Ecken und Kanten. Mit all seinen Stärken und Schwächen. So wie wir sie selbst auch haben.

Statistisch gesehen wird es ab dem fünften bis hin zum siebten Jahr besonders kritisch. Hier spüren die meisten Menschen in der Beziehung eine tiefe Unzufriedenheit. An diesem Zeitpunkt erfolgt bei den meisten Beziehungen auch die Trennung. Dennoch gibt es viele gute Gründe, an einer Beziehung festzuhalten, sowohl logische als auch emotionale.

Es ist finanziell vorteilhafter, in einer Beziehung oder gar Ehe zu leben. Man teilt sich schlichtweg die Kosten und in einer Ehe lassen sich sogar Steuern sparen. Oft verdient ein Partner weniger als der andere, trägt also weniger zum Haushalt bei. Als Ausgleich dafür gibt er oder sie eine niedrige Steuerklasse auf, um dem besser Verdienenden bei einer gemeinsamen Veranlagung einen Vorteil zu verschaffen und dadurch das Haushaltseinkommen zu erhöhen (Ehegattensplitting). Ein Tauschhandel, wie er bei vielen Ehen gängige Praxis ist.

Für eine dauerhafte Beziehung müssen und sollen natürlich die Emotionen das Hauptargument sein. Es ist ein schönes Gefühl, jemanden an der Seite zu haben, dem man vertraut und mit dem man etwas Gemeinsames aufbauen kann. Sei es eine Familie, ein Lebensstil, ein Projekt oder ein Unternehmen.

Gemeinsame Erlebnisse sind oft wertvoller als Erlebnisse, die man ganz alleine macht. Auch wenn der Egoist seine Unabhängigkeit zu schätzen weiß, kann er trotzdem oder gerade deswegen eine liebevolle Beziehung sehr genießen.

Ein Egoist hat eine gute Beziehung zu sich selbst, er bringt sich selbst eine hohe Wertschätzung entgegen und ist sich selbst ein guter Freund. Er fühlt sich erfüllt und komplett. Deshalb fällt es ihm leicht, aus dem Vollen zu schöpfen und eine gesunde Beziehung zu einem anderen Menschen aufzubauen. Er verlangt nichts vom Gegenüber, um sich vollständig zu fühlen. Der Egoist »braucht« einen anderen nicht, um glücklich zu sein. Und eben deswegen verspürt der Lebenspartner eines Egoisten auch keinen Druck, dass alles Glück von ihm abhängt.

Darum ist es so wichtig, einen ständigen Ausgleich zu schaffen. Keiner der Partner soll das Gefühl bekommen, die Beziehung gehe zu seinen Lasten. Fehlender Respekt ist einer der größten Beziehungskiller.

STREIFEN SIE LIMITIERENDE DENKMUSTER AB

Ein guter Freund von mir heißt Florian und ist Immobilienmakler, einer der erfolgreichsten seiner Zunft. Er stammt aus einem Umfeld, das ihn zur Bescheidenheit und Genügsamkeit erzogen hat. Gleichzeitig wollte er aber erfolgreich werden. Ich habe miterlebt, welch schwere Zeiten er als junger Familienvater durchgemacht hat. Er musste Schritt für Schritt lernen, die limitierenden Denkmuster der Vergangenheit abzulegen und sich von diesem Umfeld zu lösen.

So lernte er langsam, ein guter Egoist zu werden. Er begann als Makler für ein kleines Immobilienunternehmen und baute die Firma für seinen Standort mehr oder weniger im Alleingang auf. Es war unglaublich, mit welcher Energie er einen Abschluss nach dem anderen machte.

Wer sich mit dem Immobiliengeschäft etwas auskennt, weiß, dass es auf zwei Faktoren ankommt: Eigentümer zu überzeugen, das Haus über den Makler anzubieten. Somit hat der Makler ein Produkt, das er verkaufen kann. Der zweite Faktor sind die Käufer, die es zu finden gilt. Wird der Verkauf über den Makler abgewickelt, stellt das Maklerunternehmen eine Provisionsrechnung an den Käufer. Der Vergütungssatz liegt in Deutschland bei 5,95 Prozent. Wenn ein Haus für 500.000 Euro also über das Maklerunternehmen vermittelt wird, schreibt es eine Rechnung über 29.750 Euro Provision. Mein Freund hat viele solcher Deals für das Unternehmen an Land gezogen und prestigeträchtige Kunden ins Unternehmen geholt. Er bekam allerdings nur 40 Prozent der Provision. Den Rest hat das Unternehmen eingesteckt.

Da Florian sich nach und nach seines Wertes bewusst wurde und immer größere Geschäfte abschloss, wollte er auch mehr vom Kuchen abbekommen. Er wusste, dass er das Unternehmen praktisch allein aufgebaut hatte und für den Löwenanteil des Umsatzes verantwortlich war. So jemand muss mehr verdienen als jemand, der nur ein Haus pro Jahr verkauft. Der Geschäftsführer des Unternehmens sah das allerdings nicht so. Mein Freund verlangte nichts Unmögliches. Er wollte schließlich nicht die komplette Provision. Aber es sollte mehr sein, als der schlechteste Mitarbeiter bekam. Also beschloss Florian zu einem großen, renommierten Maklerunternehmen zu wechseln. Dieses eröffnete gerade das erste Büro in seiner Stadt und suchte fähige Leute. Mit seinen Millionenumsätzen war Florian ein guter Gewinn. Auch dort arbeitete er motiviert und war praktisch für alle Umsätze des Büros verantwortlich. Er holte viele prominente Kunden an Bord. Der Leiter dieses Büros behandelte ihn jedoch noch schlechter als sein vorheriger Chef.

Mittlerweile kannte Florian das Geschäft in- und auswendig und wusste, wie viel er tatsächlich wert war. Die Millionenumsätze, die er abschloss, schaffte sonst niemand. Sicher lag sein gewachsenes Selbstbewusstsein auch an seinem neuen Umfeld. Denn durch seinen Beruf kam er mit vielen der erfolgreichsten Menschen Deutschlands in Kontakt, die allesamt gute Egoisten waren und ihm zeigten, wie man seinen Marktwert verteidigt.

Er beschloss, sein eigenes Maklerunternehmen zu gründen. Von nun an bekam er nicht mehr 40 Prozent, sondern 100 Prozent der Provision auf sein Konto gutgeschrieben. Seine Firma wuchs rasant. Es glich einer Hollywood-Story. Jemand, der ohne Berufsausbildung versuchte, seine junge Familie über Wasser zu halten, wurde zu jemandem, der seinen Marktwert erkannte, Millionen verdiente und zu einem angesehenen Unternehmer wurde. Mit nicht einmal 35 Lebensjahren.

WAS IST IHR MARKTWERT?

Auch Sie müssen Ihren Marktwert bestimmen und ihn einfordern. Und vergessen Sie dabei nicht, dass sich Ihr Marktwert stetig steigert. Je besser Sie werden in dem, was Sie tun, desto höher fällt der Nutzen aus, den Ihr Kunde oder Arbeitgeber erhält. Das setzt natürlich voraus, dass Sie tatsächlich besser werden und es sich nicht nur einbilden. Es setzt außerdem voraus, dass das, was Sie tun, zu Ihrem Lebensglück beiträgt.

Arbeiten Sie ausschließlich des Geldes wegen und haben überhaupt keinen Spaß an Ihrem beruflichen Wirken, dann ist Ihr Lohn eher ein Schmerzensgeld. Sie sollten sich fragen, ob es nicht andere Möglichkeiten des Geldverdienens gibt, die Ihnen mehr Freude bereiten. Dann fällt es Ihnen auch wesentlich leichter, sich auf dem Gebiet weiterzuentwickeln und besser zu werden in dem, was Sie tun.

Je höher der Nutzen ist, den Sie stiften können – also die egoistischen Bedürfnisse des Gegenübers zu befriedigen –, desto höher sollte auch Ihre Entlohnung ausfallen. Treiben Sie den Preis so hoch wie möglich.

Woran Sie erkennen, dass die Grenze erreicht ist? Niemand ist mehr bereit, den von Ihnen geforderten Preis zu zahlen. Aber bis kurz vor diesen Punkt können Sie gehen. Betrachten Sie diese Verhandlungen wie eine Versteigerung bei Sotheby's, dem berühmten Auktionshaus in New York, London, Paris, Genf und Hongkong. Da wird für Kunstwerke oder Schmuckstücke auch ein Wert ausgerufen und dann dürfen sich die Interessenten gegenseitig überbieten. Jedes Mal, wenn ein Bieter einen Preis aufruft, fragt der Auktionator, ob noch jemand mehr bietet. Das tut der Auktionator so lange, bis niemand mehr aufzeigt. Betrachten Sie Ihre Gehalts- oder Stundenlohnverhandlungen genauso. Versuchen Sie stets so viel zu bekommen wie nur möglich. Selbst dann, wenn es schon meilenweit über den Tarifen der Mitbewerber oder Arbeitskollegen liegt.

Am Anfang kann es Ihnen arrogant erscheinen, einen so hohen Preis zu verlangen. Aber denken Sie dabei immer an den Gegenwert, den Sie bieten. Warum sollte jemand anders in hohem Maße von Ihrer Leistung profitieren und Sie nicht? Schließlich sind Sie der Leistungsträger. Also haben Sie es sich redlich verdient.

Der zweite Aspekt ist, dass Sie damit kontinuierlich Ihr Selbstwertgefühl steigern. Damit ist nicht Überheblichkeit gemeint, sondern dass Sie bekommen, was Sie verdienen. Es geht hier gar nicht so sehr um die Summe, sondern um die Anerkennung Ihrer Leistung.

Dieter Bohlen ist dafür ein gutes Beispiel. Er sagte zu mir: »Für mich ist Geld eine Anerkennung. Wenn ich einen Scheck oder eine Banküberweisung bekomme, dann gucke ich mir das an, freue mich einen Moment und denke: Du hast etwas geleistet, sonst würdest du nicht so viel Geld kriegen. (...) Ich habe vorhin einen Instagram-Kommentar gelesen, wo jemand schrieb: ›So leicht würde ich auch gern mein Geld verdienen.‹ Der hatte gesehen, dass ich Brillen verkaufe. Ich verkaufe Brillen, weil ich seit 40 Jahren im Entertainment-Geschäft erfolgreich bin. Das sehen sie nicht.«

Wenn Sie beginnen, Ihre Leistung für 100.000 Euro im Jahr zu verkaufen und immer besser und besser werden, und damit auch mehr Gegenwert für die andere Partei liefern, dann erhöhen Sie Ihren Preis peu à peu. Wenn Sie bei 400.000 Euro angelangt sind und niemand ist mehr bereit, diesen Preis zu zahlen, haben Sie Ihr derzeitiges Limit erreicht. Gehen Sie »netterweise« auf 350.000 Euro runter. Die Gegenpartei wird es annehmen. Dann arbeiten Sie weiter an Ihrem Marktwert und erhöhen ihn bald darauf wieder.

Erinnern Sie sich daran, dass es niemals gut ist, abhängig zu sein. Schauen Sie, dass Sie im Zweifelsfall loslassen können. Arbeiten Sie also derzeit für jemanden oder mit jemandem zusammen, der nicht bereit ist, Ihre Entlohnung zu erhöhen, sollten Sie bereits eine Alternative in der Hinterhand haben. Sie müssen also klarmachen, dass die Konkurrenz bereit ist, Sie entsprechend zu entlohnen, zu der Sie dann selbstverständlich wechseln werden. Sprich: Entweder ich mache dich reich oder einen anderen. Aber ich möchte mehr Geld.

WERFEN SIE BALLAST AB

Egoisten wollen frei sein. Sie wollen keinen Ballast mit sich herumtragen. Das macht sich auch im täglichen Leben bemerkbar, denn wir alle haben irgendwann die Angewohnheit entwickelt, Dinge aufzubewahren. Wir behalten alles Mögliche, nur weil wir es besitzen. Der Mensch hält von Natur aus an Dingen fest, die ihm bereits sicher sind.

Hier folgt der Mensch demselben Muster wie die Affen in Indien. Die dortigen Jäger haben eine Affenfalle konstruiert, die einem psychologischen Effekt folgt. Sie höhlen eine

Kokosnuss aus und schneiden ein kleines Loch in die Schale. In den Hohlraum legen sie eine Leckerei, die den Affen verführen soll, seine ausgestreckte Hand hineinzustecken. Wenn der Affe die Leckerei ergreift und eine Faust formt, kann er sie nicht mehr herausziehen, denn das Loch war gerade groß genug, um eine ausgestreckte Hand hineinzuführen. Der Affe ist nicht bereit, seine Beute loszulassen, und verharrt mit geballter Faust in der Falle, bis der Jäger den Affen einsammelt. Der psychologische Trick dabei wird »Endowment-Effekt« genannt, zu Deutsch: Schenkungseffekt. Wir Menschen messen einer Sache einen höheren Wert bei, wenn wir sie bereits besitzen. Dan Ariely ist Professor für Psychologie und Verhaltensökonomik an der Duke University und führte dazu ein Experiment mit seinen Studenten durch. Er verschenkte einige Eintrittskarten zu einem sehr begehrten Basketballspiel. Hintergrundinformation für Sie: Ein Ticket für ein nahezu ausverkauftes Spiel der L.A. Lakers kostet zwischen 50 und 150 Dollar. Begehrte Plätze nahe am Spielfeld sind für 200 Dollar zu bekommen. Der Professor fragte die Studenten, die leer ausgegangen waren, zu welchem Preis sie bereit wären, einem glücklichen Gewinner ein begehrtes Ticket abzukaufen. Die Studenten waren im Schnitt bereit, 170 Dollar zu zahlen. Dann wollte Ariely wissen, für wie viel die Besitzer bereit wären, das geschenkte Ticket zu verkaufen. Es waren um die 2400 Dollar. Wir finden etwas, das wir bereits besitzen, automatisch wertvoller. Deshalb halten wir krampfhaft an Dingen fest, wie die Affen in der Falle. Was wir dadurch aufgeben, ist Freiheit und Klarheit. Man glaubt, die Dinge zu besitzen. Aber letztlich besitzen die Dinge uns.[35]

Wer Klarheit will, muss für Klarheit sorgen. Ich habe mir irgendwann angewöhnt, Dinge so schnell wie möglich zu entsorgen. Briefe, Geschenke, elektrische Geräte, die ich nur einmal benutzt habe. Ich werfe sogar Gegenstände weg, die ich noch gebrauchen kann. Behielte ich sie, würde ich einen hohen Preis dafür zahlen. Denn Dinge können einen in Besitz nehmen. Man trägt einen riesigen Rucksack an Ballast mit sich durchs Leben. Und genau das hat ein Egoist nicht nötig. Er möchte unbelastet und frei seine Agenda verfolgen und nicht verfolgt werden. Nur so kann er sich voll und ganz auf sich selbst konzentrieren.

Vielleicht haben Sie den Film *Up in the Air* gesehen, in dem George Clooney den Außendienstmitarbeiter Ryan Bingham spielt, der hauptberuflich dafür zuständig ist, Leute zu feuern. Konzerne rufen ihn an, wenn Personal abgebaut werden muss. Um diese unliebsame Aufgabe nicht selbst erledigen zu müssen, wenden die Geschäftsführer sich lieber an einen externen Dienstleister, der die Entlassungsgespräche führt.

Infolgedessen fliegt Ryan Bingham jeden Tag mit dem Flugzeug in eine andere Stadt. Heute Chicago, morgen New York und dann irgendein Kaff im mittleren Westen. Dieses Leben aus dem Koffer wirkt sich auf Binghams komplettes Leben aus.

Der Charakter im Film hält nebenbei Vorträge über das Thema Ballast. Er kommt mit einem roten Rucksack auf die Bühne und erklärt dem Publikum, dass dieser Rucksack für das Leben stehe. Und nun packen wir all die Dinge hinein, die in unserem Leben sind. Bücher, Fernseher, Möbel – jetzt wird es schon schwerer. Auto, Haus, Menschen. Er fragt das Publikum: »Spüren Sie, wie die Riemen immer stärker in Ihre Schultern schneiden?«

Der rote Rucksack ist ein gutes Sinnbild dafür, wie abhängig wir uns von vielen Dingen machen. Nicht die Dinge sind das Problem, sondern dass wir sie nicht loslassen wollen. Dadurch wird unser Rucksack immer schwerer und schwerer und wir bewegen uns bald nur noch im Schneckentempo durchs Leben. All dieser Ballast. Aber wir haben ihn in unser Leben geholt und wir wollen ihn nicht mehr loslassen. Wir müssen dafür die Verantwortung übernehmen und entweder die negativen Konsequenzen tragen oder entscheiden, die Dinge loszuwerden.

Sie bekommen einen Brief von Ihrer Bank mit den neuen AGBs? Schauen Sie rein und dann werfen Sie sie sofort in den Müll, anstatt sie in irgendeinen Ordner abzuheften! Sie bekommen ein Geschenk von jemandem, das Ihnen aber nicht gefällt? Entsorgen Sie es oder verkaufen Sie es weiter. Wenn Sie ein neues Handy bekommen haben, werfen Sie das alte weg.

Vielleicht denken Sie bei manchen Sachen: »Das könnte ich aber noch mal gebrauchen – als Ersatz zum Beispiel.« Das mag sein, aber der Ballast wird einen hohen Preis fordern. Denn so, wie Sie es mit diesem einen Stück machen, machen Sie es mit Hunderten anderen Stücken. Und Ihr ganzes Umfeld besteht aus Dingen, die Sie eigentlich nicht brauchen. Entsorgen Sie diesen Müll. Es ist besser, Sie müssen etwas neu kaufen, als es auf Verdacht zwanzig Jahre im Schrank zu behalten.

Manche Leute haben Schubladen und Ordner voller Bedienungsanleitungen. Oft von Geräten, die schon längst kaputt sind. Schmeißen Sie alle weg, auch die der Geräte, die in Betrieb sind. Sie können bei Bedarf jede Bedienungsanleitung der Welt im Internet herunterladen. Sie gewinnen dadurch viel Platz in Ihren Schubladen. Ich werfe alles weg, was ich nur kann. Auch wenn es nützliche, wertvolle Dinge sind. Denn der Preis des Ballasts ist zu hoch.

Auch Menschen können zu Ballast werden. Weisen Sie solchen Menschen einen neuen Platz zu, aber nicht in Ihrem Leben. In der bereits vorhin angesprochenen Talkshow waren die Talkgäste ebenfalls irritiert, als ich zugab, dass ich mich von etlichen Menschen in meinem Umfeld getrennt habe, die mich auf meinem Erfolgsweg behinderten.

Ich verstehe absolut nicht, was daran schädlich sein soll. Im Gegenteil. Es ist doch das Vernünftigste, die eigenen Wünsche klar zu kommunizieren und danach zu handeln. Was nützt mir ein Mensch, der mir nicht guttut? Umgekehrt, was nützt es dem Gegenüber, wenn er mir nicht guttut?

Vielleicht kennen Sie auch folgende Aussage des US-amerikanischen Motivationstrainers Jim Rohn: »Du bist der Durchschnitt der fünf Menschen, mit denen Du Deine meiste Zeit verbringst!« Ob dies nun tatsächlich fünf, drei oder zehn Menschen sind, Fakt ist, dass die Umgebung einen enormen Einfluss auf uns hat. Wenn jemand dauernd mit Alkoholikern unterwegs ist, wird er auch früher oder später zur Flasche greifen. Wenn jemand dauernd von depressiven Menschen umgeben ist, wird dieser die Welt auch nicht sehr lange durch die rosarote Brille sehen können.

Wenn Sie ein Alkoholproblem haben und zu denen gehören, die es loswerden wollen, werden Sie zu den Anonymen Alkoholikern gehen. Die erste Regel, die man Ihnen dort beibringt: Trennen Sie sich sofort von Ihrem schädlichen Umfeld und blockieren Sie jeglichen Kontakt. Ihre Genesung steht und fällt mit dem richtigen Umfeld.

Bei Menschen, die einem nicht guttun, ist es doch sinnvoller für alle Beteiligten, einen klaren Schnitt zu machen, damit sich jeder neu orientieren kann. Es ist vor allem eines, nämlich ehrlich, doch damit kann nicht jeder umgehen. Glücklicherweise ist das nicht Ihr Problem. Vielleicht erweisen Sie Ihrem Gegenüber sogar einen Dienst mit Ihrer Ehrlichkeit. Vielleicht werden Reflexionsprozesse in Gang gesetzt und die Person kann sich weiterentwickeln. Nicht jede Trennung muss negativ sein.

Um ein glückliches Leben zu leben, müssen Sie in jedem Fall alle Formen von Ballast loswerden, um nach den Sternen greifen zu können.

EGOISTEN KENNEN KEINE RACHE

Egoisten schmieden selten Rachepläne, wenn sie attackiert werden. Wer erfolgreich ist, muss damit rechnen, hin und wieder angegriffen zu werden. In der Regel sind diese Angriffe harmloser, neidischer Natur und Egoisten reagieren nicht weiter darauf. Denn nicht nur im Fußball gilt: Wer den Ball hat, wird eben angegriffen. So funktioniert Wettbewerb. Als Egoist tun Sie diese Angriffe als das ab, was sie nun einmal sind: kindisches Gehabe von Personen, die mit Ihrem Erfolg nicht klarkommen und ein Ventil suchen, um ihrem Ärger Luft zu verschaffen. Sie reden schlecht über Sie, versuchen zum Beispiel im Internet Stimmung gegen Sie zu machen oder Ähnliches. Das ist wie das Geschrei eines bockigen Kleinkinds.

Wichtige Botschaft: Sie können dagegen kaum etwas unternehmen, es sei denn, Sie sind bereit, sich auf jenes Niveau herabzulassen. Als Egoist vermeiden Sie es aber, Ihre starke Position zu verlassen und sich in die niederen Gefilde der menschlichen Animositäten zu begeben. Sie wirken schwach und verletzlich, wenn Sie auf solchen Kleinkram eingehen. Es ist vergebene Liebesmühe und lenkt Sie nur von Ihrem Vorhaben ab, ein glückliches Leben zu leben. Fragen Sie sich, wie die Beschäftigung mit solchen Menschen zu Ihrem Lebensglück beitragen kann. Die Antwort ist simpel: Gar nicht!

Schadet Ihnen jedoch jemand erheblich, ist Rache das probate Mittel, das Karma wieder auszugleichen. Allerdings rächen sich Egoisten ganz oder gar nicht: Wer ihnen erheblichen Schaden zufügt, muss mit erheblicher Vergeltung rechnen. Manchmal ist es möglich, sofort zu reagieren und zum Gegenschlag auszuholen. Wenn diese Möglichkeit besteht, greifen Sie zu den verfügbaren Mitteln.

Wenn jedoch keine direkte Reaktion möglich ist, warten Sie geduldig. Geben Sie Ihrem Gegner ruhig das Gefühl, gewonnen zu haben. Egoisten haben ein hohes Selbstwertgefühl, das von außen nicht beeinträchtigt werden kann. Sie brauchen die sofortige Befriedigung der Gegenreaktion nicht. Schließlich wäre diese auch fremdbestimmt.

Der Egoist hat alle Zeit der Welt und wartet auf eine Gelegenheit, es mit Zins und Zinseszins zurückzuzahlen. Dies kann Jahre dauern. Aber eines Tages ergibt sich die Gelegenheit, ein Höllenfeuer auf den Gegner herabregnen zu lassen. Sie brauchen dafür keine Pläne zu schmieden, das würde lediglich Ihre Zeit und Ihre Aufmerksamkeit beanspruchen, die Sie schließlich für wichtigere Dinge im Leben verwenden können. Vertrauen Sie darauf, eines Tages Ihre Rache auskosten zu können. Haben Sie keine Skrupel davor, eine Existenz zu zerstören. Derjenige hat es auch bei Ihnen in Kauf genommen. Es war seine freie Entscheidung, Sie anzugreifen.

EGOISMUS UND SYMPATHIE

Wenn wir die Biografien berühmtester und erfolgreicher Menschen studieren, gelangen wir zu der Erkenntnis, dass diese keineswegs beliebte Menschen waren. Ich möchte damit nicht sagen, dass Sie dafür sorgen sollen, möglichst unbeliebt zu sein, doch die Ausrichtung am anderen wird definitiv überbewertet. Dieser Nonkonformismus scheint ein Merkmal wirklich erfolgreicher Menschen zu sein.

Egoisten können sich nicht gut einfügen oder unterordnen. Sie haben ihren eigenen Kopf und wollen um jeden Preis ihre eigenen Ziele verfolgen. Jeder, der dem im Weg steht, hat schlechte Karten. Es gibt viele berühmte Beispiele von Menschen, die schon als Kinder unausstehlich waren und einen eisernen Willen bewiesen haben. Steve Jobs bezeichnete sich selbst als Monster, das er in der Schule gewesen sei. Als er gar nicht mehr zur Schule gehen wollte, zwang er seine Eltern sogar, den Wohnort zu wechseln. Mit Erfolg.

Bill Gates galt als äußerst unangenehmer Schüler. Die Lehrer hatten bei ihm keinen leichten Stand, denn er wusste alles besser und ließ das auch die Lehrer spüren. Später eröffnete er seinen Eltern, dass er Harvard schmeißen werde, um eine Softwarefirma zu gründen. Er ließ sich nicht mehr davon abbringen und ging dafür nach New Mexico.

Warren Buffett bezeichnete sich selbst im Rückblick auf seine Schulzeit als asozial. Er provozierte so starke Konflikte, dass er nicht mehr mit seinen Mitschülern gemeinsam unterrichtet werden konnte. Stattdessen lernte er in einem separaten Raum.

Auch Coco Chanel bezeichnete sich selbst als Rebellin. Ihr Ego, so sagte sie, begründe ihr stures Naturell und ihr zigeunerhaftes Verlangen nach Unabhängigkeit. Dies sei aber auch das Geheimnis ihrer Kraft und ihres Erfolgs.

Das alles können wir in den Biografien dieser Super-Erfolgreichen lesen. Sie stehen dazu, dass sie – auch später – nur einen Weg zuließen: ihren eigenen. Egoisten sind ebenso Individualisten. Sie wollen keinen vorgezeichneten Weg beschreiten. Sie wollen einen eigenen erschaffen.

Als ich Arnold Schwarzenegger zum ersten Mal in München traf, wurde ich wieder an seine sechs goldenen Regeln erinnert. Eine davon lautet: »Denke niemals klein!« Er wollte immer der Beste sein, besser als alle anderen. Der beste Bodybuilder, der beste Schauspieler, der beste Gouverneur.

Und wenn jemand sich ihm in den Weg stellte und sagte: »Nein, das geht nicht!«, dachte er: »F... dich, du Arschloch. Was weißt du schon!?!« Klare Worte von einem, der alles erreicht hat, was er sich vorgenommen hat. Arnold ist jemand, der seine eigene Agenda eiskalt durchgezogen hat. Und er ist ein gutes Beispiel für jemanden, der dabei offensichtlich verdammt viel Spaß hatte.

Es scheint, dass insbesondere Kreative von Natur aus zum Egoismus tendieren und ihnen dies in ihrer Karriere enorm dienlich ist. Kreative leben in ihrer eigenen Welt und lassen sich wenig von der Außenwelt ablenken. Man könnte sie auch als Eigenbrötler bezeichnen, die in ihrem eigenen Kosmos am besten funktionieren.

Karl Lagerfeld war dafür bekannt, keine Termine zu machen. Er ließ sich nicht dazu bewegen, eine Uhrzeit für ein Treffen zu vereinbaren. Lieber schlug er einen Tag vor und maximal noch die Tageszeit. Aber dann musste man sich gedulden. Es konnte passieren, dass ein Mitarbeiter oder Kunde um 14 Uhr am Treffpunkt wartete, Lagerfeld aber erst um 16:30 Uhr auftauchte oder noch später. Jetzt ist solch ein Verhalten natürlich nicht der Grund für Erfolg, aber es ist dennoch erstaunlich, dass man trotz solcher Allüren so erfolgreich wird. Sie scheinen tatsächlich ein Nebenprodukt der Fokussierung auf sich selbst und die eigenen Ziele zu sein.

GEHEN SIE RESPEKTVOLL MIT ZEIT UM

Ich habe einen ziemlich vollen Terminkalender. Darüber beschwere ich mich auch nicht, denn ich habe es mir schließlich so ausgesucht. Alles, was in meinem Leben passiert, ist mein Wunsch oder ein Mittel, um meine Wünsche zu erfüllen. Manchmal geht man eben auch steinige Wege, die weniger

Spaß machen, aber zu einem lohnenden Ziel führen. Gleichzeitig ist meine Zeit sehr wertvoll. Sie hat nicht nur einen hohen ideellen Wert – man lebt schließlich nur einmal. Meine Zeit hat auch ein sehr, sehr hohes Preisschild. Auch das habe ich mir hart erarbeitet. Um Ihnen eine Vorstellung zu geben: Es kommt nicht selten am Tag vor, dass ein 20-minütiges Telefonat einen Erlös von 30.000 oder 50.000 Euro zur Folge hat.

Das führt zu einer sehr krassen Konsequenz, die ich an den Tag lege, wenn es um meine Zeit geht. Wer meine Zeit nicht respektiert, wird das auch spüren. Ich werde beinahe täglich angefragt, in Podcasts oder anderweitig in Shows aufzutreten. Und ich tue es gerne, denn ich setze zwar meine Zeit dafür ein, bekomme aber im Gegenzug eine Plattform, die mir über kurz oder lang dabei behilflich ist, meine Ziele zu realisieren. Dort sehen oder hören mich dann Menschen, die vielleicht vorher noch nicht mit mir, meinen Büchern oder unseren Medienangeboten in Kontakt gekommen sind. Rein mathematisch gesehen setze ich meine Zeit ein und erhalte im Gegenzug Werbezeit.

Wie schon gesagt, nehme ich diese Einladungen zu Sendungen gerne an. Allerdings nimmt nicht jeder Zeit so ernst wie ich. Ein Beispiel, wie es leider stellvertretend für einige Fälle steht: Der Betreiber eines Instagram-Kanals fragte mich für ein Interview an. Er schlug mögliche Termine für eine Live-Übertragung vor, die circa zwei Wochen in der Zukunft lagen. Wir einigten uns auf einen Termin. Für mein Team bedeutete das, alle neuen Termine auf diesen Zeitpunkt abzustimmen und für die besagte Live-Übertragung alle nötigen Vorkehrungen zu treffen. Das heißt, dass ich zu diesem Zeitpunkt keine Außentermine planen kann, da ich in unserem Firmengebäude im Konferenzraum sein muss, wo wir ein Videobeleuchtungssystem und Tonausrüstung vorhalten. Ich kann auch keine Telefontermine zu diesem Zeitpunkt vereinbaren, zudem muss ein Mitarbeiter abgestellt werden, der sich um die Technik kümmert. Der Dienstplan muss sich also danach richten – insbesondere, wenn es ein Abendtermin außerhalb der regulären Arbeitszeiten ist, wie es tatsächlich häufig vorkommt.

Einen Tag vor dem Termin bekamen wir folgende Nachricht: »Wir müssen den Termin verschieben. Es ist ein anderer Interviewgast dazwischengekommen. Wann wäre ein neuer Termin möglich?« Mein Assistent informierte mich darüber und fragte aus reiner Höflichkeit, was er antworten solle. Er wusste genau, wie ich mit solchen Idioten umgehe. Ich ließ es mir nicht nehmen, selbst zu antworten: »Ich vergebe Termine nur ein Mal. Somit hat es sich erledigt. LG.«

Ich habe es mir angewöhnt, solche »Vergehen« nicht noch dadurch zu belohnen, einen neuen Termin anzubieten. Zumal der Betreiber des Instagram-Kanals mich nicht einmal in einen möglichen Entscheidungsprozess einbezogen hatte. Er hatte mich vor vollendete Tatsachen gestellt und dabei noch versucht, die Oberhand zu behalten, indem er einen neuen Termin forderte. Lassen Sie niemals zu, dass ein anderer über Sie bestimmt. Dieser Mensch hatte mir und meiner Zeit keine Wertschätzung entgegengebracht. Mehr noch, mir entstand dadurch ein tatsächlicher Schaden, denn diesen Termin hätte ich auch profitabler verplanen können. Jetzt klaffte dort eine Lücke. Vielleicht wollten drei Leute sich genau zu diesem Zeitpunkt mit mir verabreden, um ein Geschäft zu besprechen, und ich hatte ihnen diesen Termin verweigert, weil ich das Interview zugesagt hatte. Dass diese Pfeife dann kurz vorher absagte, war mehr als ärgerlich. Daran kann man natürlich auch erkennen, mit welcher Art Mensch man es zu tun hat. Mit solchen Menschen ist es sinnlos, Vereinbarungen zu treffen. Was das anbelangt, sind sie unberechenbar und unzuverlässig. Identifizieren Sie diese Charaktere schnellstmöglich, um sich selbst wertzuschätzen und Ihre Zeit produktiver zu nutzen. Ihr Lebensglück wird es Ihnen danken.

Lustig war übrigens seine Antwort: Er fände, solch eine Reaktion passe nicht zu einem Erfolgsmenschen wie mir. Ich hoffe insgeheim immer, dass die Leute meine Einstellung akzeptieren und es dabei belassen. Obwohl ich allen berechtigten Grund hätte, mich tierisch aufzuregen. Ich will mich aber durch solche Emotionen nicht steuern lassen und bleibe kühl und sachlich. Aber diese Leute bohren weiter.

Ich versuchte ihm dann ebenfalls sachlich zu erklären, dass meine Reaktion perfekt zu einem Erfolgsmenschen passe, entweder könne ich mich auf jemanden verlassen oder nicht. Menschen offenbaren sich selbst. Er nahm dies zum Anlass, mich zu beleidigen und mir sogar zu drohen. Er habe zuvor positiv über mich gesprochen, werde aber nun vor mir warnen. Ich dachte in dem Moment: »Na hoffentlich. Damit nicht noch mehr von deinen Idioten-Freunden auf die Idee kommen, bei mir anzufragen.« Natürliche soziale Selektion nenne ich das. Je klarer Sie Ihre Wünsche, Werte und Bedürfnisse kommunizieren – durchaus wertschätzend –, desto schneller wird sich die Spreu vom Weizen trennen und Sie werden Menschen um sich versammeln, die Ihnen nützen und umgekehrt.

Aber Sie merken schon, hier haben wir es mit einer gewissen Art von Menschen zu tun, die ein armseliges Leben leben und leider überhaupt nicht merken, welchen Mist sie fabrizieren. Die Schuld wird prinzipiell bei anderen abgeladen, sodass sie nicht auf die Idee kommen, das eigene Verhalten zu hinterfragen. Solche Menschen scheinen nicht zu realisieren, wie sehr sie anderen damit schaden. Man könnte sie nicht mal als schlechte Egoisten bezeichnen, denn sie tun es nicht bewusst. Sie sind schlichtweg unterentwickelt und im besten Fall zu bemitleiden.

Geht bei mir immer alles glatt? Natürlich nicht. Auch ich plane Zeiten mal zu optimistisch ein und das Meeting dauert länger als veranschlagt, was dann mit dem darauffolgenden Termin kollidiert.

Was macht der gute Egoist nun? Er versucht, die Situation respektvoll und effektiv zu lösen. Vor allem müssen Sie Ihr Gegenüber in die Lösungsfindung einbeziehen. Sonst wird er nicht auf Ihrer Seite stehen und Sie hinterlassen verbrannte soziale Erde, wie ich es, anhand des Beispiels eben, skizziert habe.

Ich versuche dann, meinem nächsten Gesprächspartner das Problem zu erklären, und übergebe ihm symbolisch die Entscheidung. »Ich werde mein derzeitiges Meeting jetzt abbrechen, damit unser Termin pünktlich stattfinden kann. Es sei denn, es wäre möglich, unseren Termin ein wenig nach hinten zu verschieben. Aber ich möchte Ihnen keinesfalls

Probleme bereiten. Dann breche ich das derzeitige Meeting sofort ab und komme zu Ihnen.« In aller Regel bekomme ich diesen kleinen Aufschub, weil mein Gegenüber die Entscheidung mitgetragen hat, indem er gefühlt Einfluss darauf hatte. So zeige ich Kooperationsbereitschaft und signalisiere Wertschätzung. Der Ton macht eben doch die Musik.

Um es noch einmal deutlich zu sagen: Lassen Sie sich nie auf der Nase herumtanzen. Sie behalten das Heft stets in der Hand und niemand schubst sie ungestraft herum. Wer eine Entscheidung (zu Ihrem Nachteil) trifft, muss auch die Konsequenzen tragen. Meine Konsequenz ist, dass ich mit solchen Leuten nichts mehr zu tun haben will. Meine Lebenszeit und Energie kann ich immer nur einmal investieren, dann ist sie aufgebraucht. Also will ich sie weise und mit möglichst hoher Rendite einsetzen.

MANIPULATION IST GUT

Männer und Frauen definieren Respekt sehr unterschiedlich. Der amerikanische Ehetherapeut Emerson Eggerichs unterscheidet in seinem Bestseller: *Liebe & Respekt: Die Nähe, nach der sie sich sehnt – Die Anerkennung, die er sich wünscht* genau zwischen diesen beiden Punkten: Liebe und Respekt.

30 Jahre Eheberatung und eine Umfrage unter 7000 Paaren ergab folgende Erkenntnis: Wo Männer sich Anerkennung wünschen, wollen Frauen die Aufmerksamkeit und Zuneigung des Mannes spüren. Männer sind in der Regel gar nicht so gut darin, einer Frau die Aufmerksamkeit zu schen-

ken, die sie sich wünscht. Männer fühlen sich stets so beschäftigt. Und auch, wenn sie zu Hause sind, lenken sie sich mit allerlei Dingen ab, beispielsweise mit dem Fernseher, mit dem Smartphone oder mit der Spielekonsole.

Wir haben bereits festgestellt, dass eine Beziehung eine von Grund auf egoistische Entscheidung ist. Schließlich gehen wir sie ein, weil wir es möchten. Nicht, weil wir glauben, der andere sei ohne uns schlechter dran.

Eggerichs verrät in seinem Buch, dass es reine Übung ist, eine gute Wechselwirkung in der Beziehung herzustellen. Es ist ein Tauschhandel: Du gibst mir, was ich will. Ich gebe dir, was du willst.

Die Frau muss lernen, dem Mann vor allem das Gefühl zu geben, geachtet und respektiert zu sein. Männer möchten Helden sein. Sie haben ein starkes Geltungsbedürfnis und wollen, dass man sie als stark und siegreich ansieht. Wenn die Frau also Gelegenheiten sucht, den Mann für eine »Heldentat« im Alltag zu loben, wird er ihr zu Füßen liegen und im Gegenzug auch alles tun, was sie von ihm verlangt. Denn er verspricht sich davon, weiterhin mit Respekt belohnt zu werden.

Der Mann wiederum muss lernen, der Frau seine Aufmerksamkeit zu schenken. Sie fühlt sich geliebt, wenn er alles stehen und liegen lässt und sich ganz auf sie konzentriert. Was nach einer schwierigen Aufgabe für einen immer schnell abgelenkten Mann klingt, ist leichter zu bewerkstelligen als gedacht.

Psychologen an der University of Virginia haben herausgefunden, dass bereits 270 Sekunden ungeteilte Aufmerksamkeit zu einer glücklichen Beziehung führen können. Wir reden also von rund fünf Minuten Aufmerksamkeit. Das ist nicht zu viel verlangt. Es sollte einen sogar wundern, wie gering dieser Aufwand scheint.[36]

Die Kunst besteht natürlich darin, der Frau die volle Aufmerksamkeit zu schenken. Kein Handy, kein Radio, kein Hund, keine Unterbrechung. Er schaut ihr in die Augen und fragt, wie es ihr geht. Dann lässt er sie reden. Eine interessierte Zwischenfrage an sie zu richten, ist ebenfalls eine gute Strategie. Der Studie zufolge können die fünf Minuten sogar auf 90 Sekunden über den Tag verteilt, also dreimal, stattfinden und es wird dennoch der gleiche Effekt erzielt. Ökonomen würden bestätigen, dass dies ein verdammt lukratives Geschäft ist.

Hat dieses Verhalten einen manipulativen Charakter? Ja. Aber nicht zum Schaden einer der Parteien, sondern zum Vorteil aller Beteiligten. Manipulation findet überall statt, und im besten Fall profitieren beide Seiten davon. Man könnte den Begriff Manipulation auch mit »zielgerichtete Handlung« übersetzen. Man beabsichtigt etwas. In diesem Fall ist die Absicht, dass der Partner sich wertgeschätzt fühlt. Also manipulieren Sie, was das Zeug hält. Aber bitte aufrichtig.

WIE BERNARD MADOFF DEN GRÖSSTEN ANLAGEBETRUG DER GESCHICHTE BEGING

Bernard »Bernie« L. Madoff ging als größter Finanzbetrüger in die Geschichte ein. Dabei begann alles so gut, fast wie im Märchen.

Egoismus und Erfolg

Von den 5000 Dollar, die er sich unter anderem als Klempner verdiente, gründete der New Yorker in den Sechzigerjahren eine Investmentfirma. Er konzentrierte sich zuerst auf den Verkauf von Penny Stocks – so wie es auch Jordan Belfort in »The Wolf of Wall Street« tat. Es handelt sich hierbei um billige Ramsch-Aktien, die aber enorme Wertsteigerungspotenziale aufweisen können, allerdings ist auch das Gegenteil möglich. Sie können von heute auf morgen nicht einmal mehr das Papier wert sein, auf dem sie gedruckt wurden. Bernie machte sich gut im Aktienverkauf, er erzielte hohe Umsätze und dementsprechend hohe Provisionen für sich.

Stück für Stück arbeitete er sich nach oben und gründete schließlich eine Investmentfirma, die Anlegergelder einsammelte, die sie postwendend an der Börse investierte. In diese Fonds flossen jeden Monat neue Millionen an Anlegergeldern.

Auf dem Höhepunkt seiner Karriere war Madoff Vorstand der NASDAQ-Börse, Aufsichtsrat und Gönner diverser Stiftungen (deren Geld er auch gleich lukrativ anlegen und verwalten wollte) und wurde in den Wirtschaftsmagazinen als Börsenstar gefeiert.

Selbst in Zeiten von Finanzkrisen oder Börsenturbulenzen erwirtschaftete er stabile Renditen und wurde dafür international gefeiert. Weitere Millionen wurden ihm aufgrund seines Erfolgs anvertraut und warteten auf Vermehrung.

Was niemand wusste: Er hatte bereits 1996 damit aufgehört, das Geld der Anleger tatsächlich an der Börse zu investieren. Stattdessen zahlte er die bestehenden Anleger einfach mit Geldern neuer Anleger aus. Dieses System konnte er bis

Ende 2008, mitten in der Finanzkrise, aufrechterhalten. Doch genau diese Krise verleitete plötzlich zahlreiche Anleger dazu, ihr Geld aus dem Fonds abzuziehen. Es wurde viel mehr Geld aus dem Topf entnommen als zugeführt. Das Spiel war vorbei. Somit konnte Madoff sein Betrugssystem nicht mehr aufrechterhalten. Das Schneeballsystem flog auf und Madoff wurde vom FBI verhaftet. Es war der größte bekannte Anlagebetrug mit einem Schaden von rund 65 Milliarden Dollar – so schätzte es später die Staatsanwaltschaft.
Weltweit wurden Anleger um ihr Vermögen gebracht. Pensionskassen hatten gutgläubig die Renten unbescholtener Bürger in den Fonds investiert, Stiftungen hatten ihre Hilfsgelder dort angelegt. 45.000 Anwälte waren international an dem Gerichtsverfahren beteiligt. Denn global waren rund drei Millionen Menschen, direkt oder indirekt, von diesem Betrug betroffen.

KRIEGE, MORDE UND FALSCHER STOLZ

Madoff wurde zum Gesicht für die blinde Gier und die Verantwortungslosigkeit in der Finanzbranche und der Wall Street. Das ganze Land hasste diesen Mann. Seine Familie wurde so aggressiv beschimpft, dass sie sich nicht mehr in die Öffentlichkeit wagen konnte. Einer der beiden Söhne beging Selbstmord, der andere starb später an Krebs. Madoff wurde zu 150 Jahren Gefängnis verurteilt. Ein schwacher Trost für alle, die Opfer des Betruges wurden, denn das Geld ist natürlich für immer verloren.

In einer Verfilmung wurde es später so dargestellt, dass Madoff während einer schwierigen Marktlage, in der keine

Egoismus und Erfolg

Gewinne zu realisieren waren, eine Notlösung gesucht und sich dazu entschieden hatte, »ausnahmsweise« versprochene Renditen aus dem Geld neuer Anleger zu bedienen. Er wollte also eine Schwäche seinerseits vertuschen und sich durch eine Mogelei ins rechte Licht rücken. Es begann somit als kleine Überschreitung geltender Regeln. Selbstverständlich ist dies alles andere als gesetzeskonform, doch ohne große Betrugsabsichten. Er wollte lediglich ein Finanzloch abdecken. Allerdings hatte er den ersten Schritt in die falsche Richtung unternommen. Es wurde der Anfang vom Ende.

Spielen Sie dieses Spiel mit derart großen Summen, lässt sich der Rückstand in einem normalen Marktumfeld – insbesondere in einem fallenden Markt – nicht mehr aufholen. Im Jahr 2008 hieß es dann: Game over. Zudem war bereits dieses kleine Manöver illegal und kostete ihn somit alles.

Was hat diese Geschichte eigentlich mit Egoismus zu tun? Sehr viel, wenn wir an die Definition eines gesunden Egoisten denken. Madoffs Unfähigkeit, eine Niederlage einzuräumen, ist alles andere als gesund egoistisch. Er gab in diesem Moment dem gesellschaftlichen Druck in Bezug auf Niederlagen nach und zog keine Grenze.

Aber über allem steht der falsche Stolz, nicht eingestehen zu wollen, dass man auch mal Fehler macht oder nicht die Erwartungen aller erfüllen kann. Erinnern Sie sich: Madoff wurde als Genie der Börse gefeiert. Dieses Bild hätte er zerstören müssen. Er hatte sich aber für den illegalen Weg entschieden, um weiter im Ansehen der Welt zu baden. Fortan investierte er kein Geld mehr an der Börse, sondern betrieb ein Schneeballsystem.

Falscher Stolz begegnet uns auch oft im Straßenverkehr. Leider, denn insbesondere dort hat er nichts verloren. Es ist eine Sache, einen Freund oder Ehepartner aus falschem Stolz zu beleidigen. Aber eine ganz andere ist es, auf einer kurvigen Landstraße ein Überholmanöver durchzuführen, das Menschenleben kostet. Ein Fahrer setzt zum Überholen an und merkt in letzter Sekunde, dass eine Kurve vor ihm liegt. Aus Stolz, um sich nicht vor allen zu blamieren, zieht er es durch – ja, es sind leider meistens Männer. Diese haben das größte Problem mit dem eigenen Stolz. Dabei blendet dieser Fahrer aus, dass er völlig Unbeteiligte in Gefahr bringt. Auch Kriege und Morde resultieren aus diesem falschen Stolz. Die Unfähigkeit, die eigene Fehlbarkeit einzugestehen, verursacht viel Leid auf dieser Welt. Und wie schon erwähnt, ist dies ein überwiegend männliches Problem.

Sie müssen kein Börsenbetrüger sein, um zu erkennen, dass wir alle manchmal aus falschem Stolz oder Angst vor den Konsequenzen in Situationen hineingeraten, aus denen es scheinbar kein Entrinnen mehr gibt. Ein guter Egoist will frei sein, nicht erpressbar, und ohne Ballast durchs Leben gehen. Er lässt lieber etwas Wertvolles los, das ihn zu sehr belastet, als krampfhaft daran festzuhalten.

LEIDENSCHAFT

Im meinem Buch *Erfolg – Was Sie von den Super-Erfolgreichen lernen können* habe ich dem Thema ein ganzes Kapitel gewidmet. Der Grund ist ganz einfach: Ein Leben ohne Leidenschaft ist blutleer. Wenn Sie für Ihr Tun keine Leidenschaft entwickeln, dann ist alles irgendwie sinnlos.

Der italienische Schriftsteller Giovanni Boccaccio (1313-1375) hat diesen Umstand exzellent in seinem Satz formuliert: »Es ist besser zu genießen und zu bereuen, als zu bereuen, dass man nicht genossen hat.«

Wie wir bereits zuvor in diesem Buch gesehen haben, bereuen die meisten Menschen kurz vor ihrem Tod, sich selbst die Chance auf Glück versagt zu haben. Je mehr Sie nach Ihren persönlichen Neigungen handeln, desto glücklicher werden Sie sein. Es ist ganz einfach und logisch.

Reduzieren Sie einfach die Tätigkeiten, die Sie emotional nicht befriedigen, und Sie werden automatisch glücklicher durch Ihr Leben schreiten.

Auch hier kommen die eigenen Werte ins Spiel. Denn nur, wenn Ihr Handeln mit Ihren Werten übereinstimmt, kann Leidenschaft entstehen. Denn alle Ziele, Aktivitäten und Denkweisen leiten sich direkt oder indirekt von Ihren Werten ab.

Einer allgemeinen Definition folgend, sind Werte bzw. Wertevorstellungen wie folgt zu verstehen: »Wertvorstellungen sind erstrebenswerte, moralisch oder ethisch als gut befundene spezifische Wesensmerkmale von Personen innerhalb einer Wertegemeinschaft. Aus bevorzugten Werten und Normen entstehen Denkmuster, Glaubenssätze und Handlungsmuster. Begriffe für Werte sind meist Substantive, die moralisch gut empfundene Eigenschaften verkörpern. Sie symbolisieren spezifische Sittlichkeit und beschreiben die zwischenmenschliche Qualität von Charaktereigenschaften und Nutzen stiftenden Merkmalen.«[37] Doch meistens verwirrt der Begriff mehr als er nützt, weil er nicht mit konkreten Inhalten gefüllt wird.

Für Ihren persönlichen Erfolg ist es nun mehr als maßgeblich, Ihre Werte mit Inhalten zu füllen. Sind Sie sich darüber im Klaren, werden Sie nie wieder Handlungen an den Tag legen, die Ihren Werten widersprechen, und leben das Leben, das Ihnen am meisten zusagt. Wenn Sie jedoch ein diffuses Wertesystem verfolgen, dann entscheiden andere über Ihr Schicksal.

DEFINIEREN SIE IHRE ZIELE

Nur wer ein Ziel hat, kann den Weg finden. Egoisten sind Menschen, die Ziele haben. Sie sind daher nicht nur erfolgreicher, sondern auch glücklicher.

Wissenschaftler an der Carleton University in Kanada haben eine Studie mit 6000 Probanden durchgeführt, um herauszufinden, wie konkrete Ziele sich auf das Leben der Menschen auswirken. Außer der Tatsache, dass Menschen mit Zielen sehr viel erfolgreicher im Leben sind als Menschen, die sich keine Ziele setzen, fand man noch etwas anderes, sehr viel Alarmierenderes heraus: Menschen ohne Ziele sterben schneller. Oder um es positiv auszudrücken: Menschen mit Zielen leben länger.[38]

Falls Sie noch keine konkreten Ziele im Leben verfolgen, dann sollten Sie schleunigst damit beginnen, welche für sich zu entwickeln.

DIE EIGENEN ZIELE VERSCHRIFTLICHEN

Um ein glückliches, erfülltes Leben zu führen, müssen Sie sich über Ihre Ziele klar werden, daran führt kein Weg vorbei. Doch das allein genügt nicht. Sie müssen sie auch tatsächlich verfolgen, sonst bleiben Ihre Ziele nur ein leerer Rahmen, der nie gefüllt wird.

Als ich mit Wladimir Klitschko über die Konzentration auf ein Ziel sprach, sagte er: »Werde besessen von deinem Ziel. Wenn man von einem Ziel besessen ist, wird man es auch erreichen.«[39]. Wenn auch Sie von Ihren Zielen besessen sein möchten, sollten Sie weiterlesen.

Menschen definieren selten, was sie konkret wollen. Sie haben zwar hin und wieder Wunschvorstellungen. Aber es kommt selten vor, dass Menschen ihre Ziele konkretisieren.

Es gibt eine berühmte Langzeitstudie der amerikanischen Harvard University zum Thema der persönlichen, schriftlichen Zielsetzung. Der Titel der Studie lautet: »Werdegang von Studienabgängern über einen sehr langen Zeitraum«. Das Ergebnis ist sehr interessant:

- 83 Prozent der Studienabgänger hatten sich keine konkreten Ziele für ihre Karriere nach dem Studium gesetzt. Das durchschnittliche Einkommen dieser Gruppe wurde als Vergleichsgrundlage und somit als Ausgang für die anderen Gruppen herangezogen.
- 14 Prozent der Studienabgänger hatten eine klare Zielsetzung für ihre Karriere, die sie aber nicht schriftlich festgelegt hatten. Ihr Einkommen war

im Durchschnitt dreimal so hoch wie das der ersten Gruppe.
- 3 Prozent der Studienabgänger hatten nicht nur klare Ziele für ihre Karriere formuliert, sondern diese auch schriftlich festgehalten. Sie verdienten im Schnitt zehnmal so viel wie die Gruppe ohne Zielsetzungen.

Es scheint ein Geheimnis darin zu liegen, Ziele schriftlich zu fixieren. Anstatt sie mit dem Smartphone oder Computer aufzuschreiben, empfehlen Experten, es handschriftlich zu tun. Dr. Gail Matthews von der Dominican University of California verantwortete eine Studie zum Thema Zielsetzung, an der 267 Personen teilnahmen.[40]

Man fand heraus, dass bei der elektronischen Texteingabe acht Fingerbewegungen vonnöten sind. Bei einer handschriftlichen Notiz sind es hingegen bis zu 10.000 Bewegungen. Gleichzeitig werden Tausende von Nervenverbindungen im Gehirn geschaffen, sogenannte Synapsen. Sie sorgen unter anderem dafür, dass die linke mit der rechten Gehirnhälfte kommuniziert und die Hirnareale untereinander in Verbindung stehen. Man könnte so weit gehen zu behaupten, dass wir unserem Gehirn eine Realität vorgaukeln, die es noch gar nicht gibt. Dadurch regen wir den Realisierungsprozess an.

Der Schlüssel liegt im retikulären Aktivierungssystem, kurz RAS. Dieser Bereich sitzt im unteren Teil des Hirnstamms und ist sozusagen unser Torwächter ins Gehirn. Ständig sendet unsere Umwelt uns millionenfach Signale. Tatsächlich werden in der Sekunde 400 Millionen Bits an Ihr Gehirn gesendet. Aber Ihr RAS lässt nur 2000 Bits zur Informationsverarbeitung ins Bewusstsein, denn sonst würden Sie, aufgrund von Überlastung, ohnmächtig werden. Der Rest wird unsortiert im Unterbewusstsein abgelegt. Jetzt wissen Sie auch, warum wir Menschen nur einen Bruchteil unserer Gehirnkapazität für unser Bewusstsein nutzen können. Jede einzelne Sekunde Ihres Lebens wird im Unterbewusstsein abgespeichert. Diese Inhalte haben natürlich auch Einfluss auf unser Denken und Handeln, wie wir bereits festgestellt haben. Dies ist auch der Grund dafür, dass Egoisten so penibel auf ihr Umfeld achten. Sie wissen, dass sie selbst es sind, die die Bedingungen für eine gute Lebensqualität bestimmen. Um zu veranschaulichen, wie groß das Unterbewusstsein im Vergleich zum Bewusstsein ist, haben Wissenschaftler diese Größenunterschiede in Längen umgerechnet. Demzufolge »misst« das Bewusstsein ganze 5 Millimeter. Das Unterbewusstsein kommt auf sage und schreibe 11 Kilometer Länge. Ziemlich beeindruckend.

Unser Umfeld hat also einen wichtigen Einfluss auf uns. Stellen Sie sich vor, Sie würden jeden Tag in die verrauchte Kneipe nebenan gehen, wo hauptsächlich Menschen sitzen, die sich und ihre Karriere längst aufgegeben haben. Nennen wir es beim Namen: typische Verlierer. Dort hört man, welch schlechte Menschen die Unternehmer sind und dass die Welt so gemein zu den Menschen geworden ist. Frustration, Wut und Opferhaltung stehen in jenem Umfeld an der Tagesordnung. Das Unterbewusstsein speichert diese Inhalte ab – ob Sie wollen oder nicht. Diese werden dann – früher oder später – Ihre Denkinhalte formen. Natürlich zum Negativen. Wenn Sie besser werden wollen – in welchen Bereichen auch immer –, dann umgeben Sie sich mit Menschen, die es bereits geschafft haben oder die zumindest auf dem besten Weg sind. Ich genieße es sehr, mit den erfolgreichsten Menschen der Welt über ihr Leben und ihre Ideen zu sprechen. Diese Gespräche und die Orte, wo wir uns treffen, beeinflussen mein Unterbewusstsein positiv. Man sagt, dass dies einer der wichtigsten Gründe für wohlhabende bzw. prominente Eltern ist, ihre Kinder auf Privatschulen und Internate zu schicken. Denn dort verbringen sie Zeit mit der Elite von morgen.

Zurück zu unseren Zielen. Ihr retikuläres Aktivierungssystem wird durch Ihre Zielsetzung – insbesondere durch die schriftliche Zielsetzung – programmiert. Es wird zu einem Filter, der nun verstärkt auf das achtet, was Sie ihm einprogrammiert haben.

Schreiben Sie zum Beispiel auf, dass Sie einen roten Ferrari besitzen wollen, werden Ihnen ab sofort überall rote Sportwagen, Ferrari-Anzeigen, Filme, Autohäuser etc. auffallen. Selbst wenn Sie im Fernsehen einen Film mit Tom Selleck sehen, wird Ihr Gehirn plötzlich die Verbindung zu seiner Erfolgsserie Magnum aus den Achtzigerjahren herstellen, in der er einen roten Ferrari fuhr. All diese Einflüsse waren auch vorher schon vorhanden, aber Ihr RAS hat nicht zugelassen, dass Sie sie bewusst wahrnehmen.

Diesen Trick können Sie fortan nutzen, um sich Ihr Traumleben zu erschaffen, indem Sie Ihr Gehirn und insbesondere Ihr RAS darauf programmieren, was Sie im Leben alles erreichen möchten.

Egoismus und Erfolg

DER TRICK, DER MEIN LEBEN FÜR IMMER VERÄNDERTE

Als ich 18 war und mich mit Erfolg und Selbstständigkeit zu beschäftigen begann, hörte ich von einem Tipp. Er besagte, man solle sich 100 Lebensziele schriftlich notieren. Ich trug diesen Gedanken drei Jahre mit mir herum, ohne ihn in die Tat umzusetzen.

Ich erinnere mich noch genau an den Ort, an dem ich war, als ich eine Rolle braunes Einpackpapier sah. Ich dachte: »Wenn ich jetzt einen Stift finde, hätte ich genügend Platz auf der Papierrolle, um meine 100 Ziele aufzuschreiben.« Ich fand einen Kugelschreiber und begann alles aufzuschreiben, was mir in den Sinn kam.

Ich notierte sowohl kleine Dinge als auch große, fast unerreichbare Zielsetzungen. Viele davon waren immaterielle Ziele. Aber natürlich fanden auch ein paar materielle Dinge Platz auf der Liste. Es klingt beinahe unglaubwürdig, aber bereits zehn Jahre später hatte ich fast alle Ziele von dieser Liste erreicht.

Manches davon hätte ich mir mit 50 vorstellen können, aber noch nicht mit 33 Jahren. Ich kann aus eigener Erfahrung sagen, dass es die beste (egoistische) Entscheidung war, mir meine 100 Ziele aufzuschreiben. Es hat nicht nur mich im Leben weit vorangebracht, sondern es hatte auch eine positive Auswirkung auf viele andere Menschen. Sogar auf Menschen, die überhaupt nicht in meinem Umfeld sind. Personen, von denen ich in meinem Leben noch nie gehört hatte, kamen zu mir oder schrieben mir, dass ich in ihrem Leben einen Unterschied gemacht hätte. Nur dadurch, dass ich meine eigenen

Ziele realisiert habe. Mithin hat ein zutiefst egoistischer Akt erneut dazu geführt, dass mehr Menschen als der eigentlich Betroffene profitiert haben.

Um meine Erfolgschancen jedes Jahr zu steigern, hielt ich täglich meine zehn wichtigsten Jahresziele handschriftlich fest. Nach einigen Wochen bewegte sich meine Hand wie von selbst über das Papier. Ich bin überzeugt, dass dies der Grund dafür ist, weshalb ich schon die meisten Ziele auf meiner großen Lebensliste erreichen konnte. Weil ich meine Chancen mit 365 pro Jahr multipliziere, indem ich sie täglich aufschreibe. Mein RAS hat praktisch keine andere Wahl, als meine täglichen Bemühungen in die richtige Richtung zu lenken.

ENTSCHEIDUNGEN TREFFEN

Die meisten Ziele werden deshalb nicht erreicht, weil der Mensch keine konkrete Entscheidung trifft, dieses Ziel konsequent zu verfolgen. Wenn Sie supererfolgreiche Egoisten beobachten, merken Sie, dass diese gnadenlos an ihren Zielen festhalten – trotz aller Widrigkeiten. Werden Ihnen Dinge im Weg stehen, wenn Sie ein neues Ziel anvisieren? Aber sicher doch. Ganz gewaltig sogar. Sie werden sich denken: »Warum tauchen auf einmal all diese Herausforderungen auf, kurz nachdem ich mir ein Ziel gesetzt habe?« Komischerweise liegt das in der Natur der Sache.

Manche Autoren behaupten sogar, der liebe Gott schickt diese Probleme, um zu testen, ob Sie es ernst meinen. Das wäre in der Tat ein guter Test, denn die meisten Menschen

Egoismus und Erfolg

geben bereits bei der ersten Hürde wieder auf. Das müssen nicht einmal große Schwierigkeiten sein. Man kann bereits an der eigenen Bequemlichkeit scheitern. Denken Sie an die guten Vorsätze im neuen Jahr – zum Beispiel mehr Sport zu treiben. Aus Bequemlichkeit (in diesem Fall stellt sie die Hürde bzw. Schwierigkeit dar) verfolgen wir viele unserer Ziele nicht weiter.

Nur wer felsenfest entschlossen ist, Ziele diszipliniert und gnadenlos zu verfolgen, wird sie auch erreichen können. Noch immer gibt es Variablen auf dem Weg dorthin, aber die größte Variable haben Sie unter Kontrolle gebracht: sich selbst.

HOFFNUNG IST KEIN GUTER BERATER

Die meisten Menschen zögern, Entscheidungen zu treffen. Das ist sogar untertrieben, denn die meisten Menschen treffen lieber keine aktiven Entscheidungen, aus Angst, sich für etwas Falsches zu entscheiden. Sie spielen auf Zeit und hoffen, dass sich die Dinge wie von selbst erledigen. Was diesen Personen allerdings kaum bewusst ist: Sie treffen damit gleichzeitig passive Entscheidungen.

Denn obwohl sie keinen Entschluss treffen, hat dies trotzdem Konsequenzen. Sie entscheiden sich also für Konsequenzen, auf die sie selbst gar keinen Einfluss haben. Die Welt wird sich immer weiterdrehen, ob Sie das wollen oder nicht. Ständig passieren Dinge in Ihrem Leben. Und entweder Sie nehmen Einfluss auf diese Geschehnisse oder nicht. Aber die Veränderung und ihre Auswirkungen auf Sie sind unaufhaltsam.

Alle Super-Erfolgreichen, mit denen ich über dieses Thema gesprochen habe, sind entscheidungsfreudig. Nicht immer von Natur aus, manche mussten es trainieren. Aber sie alle sind zu Giganten geworden, weil sie Entscheidungen lieber selbst treffen, statt es dem Lauf der Dinge zu überlassen. Wer eine Agenda hat, muss die Dinge zu seinen Gunsten in die richtige Richtung lenken. Die richtige Richtung lässt sich durch eigene Entscheidungen beeinflussen, egal was Ihnen in der Vergangenheit eingetrichtert wurde.

In meinem Buch *Erfolg – Was Sie von den Super-Erfolgreichen lernen können* habe ich ein ganzes Kapitel dem Thema Entscheidungen gewidmet. Als Beispiel für jemanden, der seine Entschlüsse eisern durchsetzt, habe ich Oliver Kahn angeführt. Denn insbesondere am Anfang seiner Karriere war es eine mentale Meisterleistung, seinen Entscheidungen treu zu bleiben.

Wer sich zum Ziel gesetzt hat, der beste Torhüter der Welt zu werden, muss konsequent zu sich selbst stehen, wenn er die ersten Bundesliga-Spiele für seine Mannschaft verliert, weil er Bälle ins Tor lässt. Genau dies ist ihm passiert. Zu allem Übel verletzte er sich dann auch noch, was vielen Karrieren den Todesstoß versetzt, bevor sie überhaupt angefangen haben. Nicht so bei Oliver Kahn. Er bewies tatsächlich die vielzitierten »Eier« und hielt an seiner Entscheidung, der weltbeste Torhüter zu werden, fest.

Es muss die Hölle gewesen sein, wenn ein ganzes Stadion buht und einen zum Teufel wünscht. Solch heftige Reaktionen werden die meisten von uns nie erleben. Es sind eher die vielen kleinen Buhrufe, die uns in die Knie zwingen können, wenn wir keine felsenfeste Entscheidung getroffen haben, die zudem nicht mit unseren Werten übereinstimmt. Kahn hatte es getan und wurde schließlich zum besten Torhüter der Welt gewählt. Neben vielen weiteren Auszeichnungen. Das hatte er seiner Fähigkeit zu verdanken, Entscheidungen zu treffen und diese beharrlich durchzusetzen. Somit ist Oliver Kahn nicht nur ein gutes Beispiel für Entscheidungskraft, sondern gleichzeitig für Disziplin. Bereits im 5. Jahrhundert v. Chr. wusste der weise Konfuzius, wie wichtig und unentbehrlich die Disziplin im eigenen Leben ist: »Der Edle verlangt alles von sich selbst, der Primitive stellt nur Forderungen an andere.«

Wenn wir in die Gegenwart blicken, dann sieht der amerikanische Schriftsteller und Hochschullehrer Stephen Covey die Disziplin als höchste Form der Freiheit an. Auf den ersten Blick scheint dies paradox zu sein, doch die Kontrolle über sein Leben zu haben gelingt eben nur, wenn man diszipliniert ans Werk geht.

Es gibt einen Trick, wie Sie die Disziplin in Ihrem Leben kultivieren können, und zwar auf allen Ebenen Ihres Tuns und Seins, nämlich neue Gewohnheiten zu etablieren. Disziplin auf Dauer zu praktizieren ist schlussendlich nichts anderes als eine Gewohnheit.

SEIEN SIE MUTIG

Ein Leben ohne Mut ist ein tristes Dasein. In meinem Buch *Erfolg – Was Sie von den Super-Erfolgreichen lernen können* habe ich Reinhold Messner als lebendes Beispiel für die Verkörperung von Mut gewählt. Mit seinen Projekten hat er sein Leben mehr als einmal riskiert. Ein Extrembeispiel, denn um mutig zu sein, bedarf es keiner solchen Mutprobe, das eigene Leben zu riskieren. Er hat mir in unserem Gespräch viel zu dem Thema erklärt.

Die Auswahl zwischen mehreren Optionen zu haben und sich dennoch zu entscheiden, würde bereits genügen. So habe ich es auch in meinem Buch beschrieben: »Mut bedeutet also, sich auf ungewisse Situationen einzulassen. Nicht, indem wir gedankenlos nach vorne preschen, sondern indem wir überlegt handeln. Weder übertriebener Optimismus noch übertriebener Pessimismus wird uns ans Ziel bringen. Die Mischung macht es: Seien Sie sich bewusst, dass es Risiken gibt, und handeln Sie dennoch. Denn Sie können planen, wie sich die Risiken eindämmen lassen. Sie können lernen, mit den Unwägbarkeiten des Lebens umzugehen. Durch Ihr Handeln entsteht eine Klarheit, die vorher verschwommen im Nebel der Ungewissheit lag.«[41]

Wie lautet das berühmte Sprichwort? »Wer spielt, kann verlieren, wer nicht spielt, hat schon verloren!« Das Leben ist nichts anderes als ein Spiel. Wie bereits gesagt: Alles ist ein Tauschgeschäft, erfreuen Sie sich einfach am Prozess Ihres Wirkens auf der Welt. Es ist sowieso nur von kurzer Dauer und Sie würden es bereuen, nicht am Spiel teilgenommen zu haben.

Mutige Menschen zeichnen sich nicht durch Furchtlosigkeit aus. Im Gegenteil, es ist die vollständige Akzeptanz dieser Furcht, die sie mutig werden lässt.

Egoismus und Erfolg

Mutiges Handeln hat auch etwas mit dem Glauben an sich selbst zu tun, wie ich bereits in meinem Buch erläutert habe: »Der Trick scheint also zu sein, an die eigenen Fähigkeiten zu glauben und diese so auszubauen, dass sie den härtesten Anforderungen der Realität standhalten können. Wenn Sie einen Berg besteigen wollen, rechnen Sie mit dem Schlimmsten, aber lassen Sie sich nicht davon abbringen. Ein überzogener Optimismus würde dazu führen, dass Sie sich nicht in Form bringen, das falsche Equipment auswählen oder generell falsche Herausforderungen wählen. (...) Der gesunde Pessimismus hilft dabei, das Risiko richtig einzuschätzen, er überdeckt dabei nicht den Optimismus, den Herausforderungen gewachsen zu sein. Niemand wird erfolgreich, wenn er im Kopf das Lied der Niederlage singt.«[42]

Folgen Sie also Ihrer Leidenschaft und trauen Sie sich auch zu, diese auszuleben. Werden Sie schrittweise zum realistischen Pessimisten, der sich vorbereitet, aber auch davon überzeugt ist, sich nicht auf alles vorbereiten zu können. Freuen Sie sich auf den Sieg, ohne vor einer etwaigen Niederlage Angst zu haben. Oftmals ist es nämlich nur eine Schlacht, die man verliert, um am Ende den Krieg für sich zu entscheiden.

DIE REALITÄT DER EGOISTEN

Egoisten leben in ihrer eigenen Welt. Das hört sich abwertend an, doch das Gegenteil ist der Fall. Gute Egoisten haben sich eine eigene Realität geschaffen, in der sie wachsen, gedeihen und genießen können. Sie ist nicht so grau, negativ und entmutigend wie die der meisten Menschen. Sie ist farbenfroh und voller Chancen.

Auch wenn Ihre Umwelt Sie überzeugen will, dass Sie in einer Blase leben und gefälligst wieder auf den Boden der Tatsachen zurückkehren sollten, lassen Sie sich davon nicht beirren. Jeder Mensch hat das Recht, sich seine eigene Welt zu erschaffen. Das bestätigt auch folgender Satz aus dem *Buch des Mirdad* von Mikhail Naimy: »Der Mensch ist ein Gott in Windeln!«, was nichts anderes heißt, als dass er prinzipiell die Fähigkeit besitzt, sich die Welt nach eigener Fasson zu gestalten, er es aber, aus verschiedenen Gründen, nicht tut. Die Windeln können Sie jedoch nur ablegen, wenn Sie ein guter Egoist sind.

Das heißt allerdings nicht, dass Egoisten die Realität nicht anerkennen. Ganz im Gegenteil, kaum jemand kennt die Realität so gut wie Egoisten. Denn sie sind hellwach und nicht naiv. Wie ist das aber vereinbar damit, in seiner eigenen Welt zu leben?

DER MATRIX-EFFEKT: WELCHE PILLE NEHMEN SIE?

Es ist natürlich überspitzt zu behaupten, nur Egoisten lebten in ihrer eigenen Welt. Jeder Mensch sieht die Welt durch die eigene Brille. Man sieht die Welt nicht, wie sie wirklich ist, man sieht sie so, wie man selbst ist.

Sie haben vielleicht schon von Experimenten gehört, in denen Menschen in einen Raum geschickt werden und später erklären sollen, was sie alles wahrgenommen haben. Jeder Proband erinnert sich im Anschluss an andere Dinge, diese Sicht ist geprägt durch den Fokus, den derjenige hat. Einem Tierfreund werden die Bilder der Hunde auffallen. Einem Musikfan werden die Schallplatten in der Ecke auffallen, nicht aber die Hundebilder.

Es ist stets derselbe Raum, nur leben die Besucher in verschiedenen Realitäten. Der amerikanische Bestsellerautor Tony Robbins zitiert oft ein Experiment, in dem Menschen entweder eine warme oder kalte Tasse mit Flüssigkeit in der Hand halten sollen und gebeten werden, das Bild eines Menschen anzusehen. Sie sollen einschätzen, welchen Charakter dieser Mensch hat. Die Menschen mit der kalten Tasse in der Hand tendieren dazu, den Menschen negativ einzuschätzen. Die mit der warmen Tasse tendieren zu positiv, obwohl es dasselbe Bild ist. Und hier kommen wir langsam zur Kernaussage.

Nicht nur Ihre innere Einstellung bestimmt Ihre Selbstwahrnehmung, sondern auch die äußeren Einflüsse. Wer also weder die inneren noch die äußeren Umstände aktiv kontrolliert, ist dazu verdammt, in einer traurigen Realität zu leben, die andere für ihn gestalten. Die Chinesen haben ein interessantes Sprichwort in diesem Zusammenhang: Mögest du in interessanten Zeiten leben. Sie haben die Macht, dieses Sprichwort so auszulegen, wie es Ihnen gefällt. Die Chinesen stehen Problemen nicht negativ gegenüber, sondern begreifen sie als Chance, etwas zu verbessern. Sie leben somit immer in interessanten Zeiten.

Wenn Sie nicht aktiv Einfluss nehmen auf das, was in Ihrem Leben geschieht und wie Sie es wahrnehmen, fühlen Sie sich machtlos und fremdgesteuert. Egoisten erschaffen sich dadurch ihre eigene Realität, indem sie sowohl ihre Gedanken, den Input, als auch ihr Umfeld kontrollieren. Gehen wir das der Reihe nach durch.

KONTROLLIEREN SIE IHRE GEDANKEN

Die Überschrift klingt ein bisschen nach einem streng geheimen Projekt des US-Militärs. Doch Egoisten haben verstanden, dass man die eigenen Gedanken und sogar die der Mitmenschen kontrollieren kann.

Pro Tag gehen einem schätzungsweise 60.000 Gedanken durch den Kopf. Das ist ein Automatismus. Sie müssen sich nicht befehlen, etwas zu denken. Die Gedanken kommen von ganz allein. Und das ist gleichzeitig das Tückische. Wer seine eigenen Gedanken nicht im Griff hat, sie lenkt und steuert, ist ihnen sozusagen schutzlos ausgeliefert.

Jeder hat Dinge auf der geistigen Festplatte. Manches davon wurde von außen aufgespielt, anderes haben wir uns selbst eingeredet. Woher auch immer die Impulse in unserem Kopf kommen, wir müssen sie als gute Egoisten kontrollieren. Wenn wir etwas Kontraproduktives denken, müssen wir es stoppen.

Dafür gibt es Stopp-Techniken. Sie können sich selbst zwicken, um einen leichten Schmerz auszulösen. Mit einem Gummiband am Handgelenk geht es natürlich auch, wenn Sie tendenziell zu oft negativ denken. Dann lohnt sich so ein Gummiband sicherlich. Sie können auch auf den Boden stampfen und den negativen Gedanken sinnbildlich zerquetschen. Vielleicht brüllen Sie noch »Verpiss dich!«, auch wenn das an öffentlichen Orten wie im Zug wenig ratsam ist. Obwohl, lustig wäre es schon. Auf jeden Fall geht es darum, Ihre Gedanken zu kontrollieren. Belohnen Sie sich für positive, nützliche Gedanken und bestrafen Sie sich für negative. Wir Menschen sind auch nur Tiere auf zwei Beinen.

Das bringt uns zu der Frage: Was darf eigentlich alles rein in Ihren Kopf? Denn wir sind einerseits davon beeinflusst, was bereits auf unserer geistigen Festplatte abgespeichert ist, andererseits davon, was wir Neues hineinlassen. Und dieses Unterfangen ist weder leichter noch schwerer zu kontrollieren.

Wenn wir gegen negative Glaubenssätze ankämpfen müssen, die wir bereits im Kopf haben, müssen wir genauso streng kontrollieren, welche neuen Informationen wir zulassen. Wenn Sie nicht gerade bei einer internationalen Söldnerfirma arbeiten, müssen Sie hinnehmen, dass es weltweit Unruhen und Kriege gibt. Aber Sie müssen sich nicht jeden Tag ansehen, wie viele Menschen zu Tode gekommen sind und wo wieder eine Bombe explodiert ist. Ist das traurig und schrecklich? Selbstverständlich. Aber wenn Sie zulassen, dass es auf regelmäßiger Basis Ihre Weltsicht beeinflusst, werden Sie statt der schönen, bunten Seiten da draußen nur noch die hässlichen sehen.

Ihr Denken beeinflusst Ihren Fokus. Energie folgt der Aufmerksamkeit, das können Sie zu Ihrem Vorteil oder Nachteil nutzen. Es ist zwar ein Stück Arbeit, aber Sie haben es in der Hand und sind der Gebieter über Ihr Schicksal.

Überlegen Sie sich, welche Elemente Sie gerne in Ihrem Leben haben würden, und dann fokussieren Sie sich uneingeschränkt darauf. Es liegt in Ihrem eigenen Verantwortungsbereich, das Beste aus jeder Sekunde Ihres Lebens herauszufiltern. Es liegt niemals an den Umständen.

KONTROLLIEREN SIE IHR UMFELD

Was uns noch viel intensiver beeinflusst als Informationen und Gedanken, sind reale Erlebnisse. Die Welt um Sie herum ist also ein entscheidender Faktor, ob Sie es zu etwas bringen oder nicht. Auch Ihr Gefühlshaushalt wird immens dadurch bestimmt. Deshalb ist es wichtig, Ihr Umfeld und Ihre Umwelt zu kontrollieren.

Gestalten Sie Ihre Welt so, wie sie Ihnen den maximalen Nutzen bereitet und Sie glücklich macht. Es gibt zwei Faktoren in Ihrem Umfeld: Gegebenheiten und Menschen. Ersteres können Sie am besten kontrollieren. Den Ort, wo Sie wohnen. Das Auto, das Sie fahren. Die Farbe, in der Ihr Büro gestrichen ist. Das Hotel, in dem Sie schlafen. Gestalten Sie sich all dies so, wie es zu Ihrem Wohlbefinden beiträgt.

Sie sind verkrampft, wenn alles oder vieles davon gegen Ihre Wünsche gerichtet ist. Wenn ich in ein Restaurant gehe, achte ich darauf, welchen Tisch ich bekomme. Ich möchte nicht neben der Küche sitzen und genauso wenig am Eingang. Ich möchte einen guten Ausblick haben, statt gegen eine Wand zu gucken. Und ich möchte einen Stuhl mit Armlehnen. Ich hasse es, auf einem Stuhl zu sitzen, der keine hat. Ich möchte meine Arme entspannt ablegen können.

Manchmal entdecke ich einen guten Tisch, aber die Stühle haben keine Armlehnen. Dann frage ich den Kellner, ob es auch Stühle mit Armlehnen gibt. Wenn dem so ist, bitte ich höflich darum, einen an diesen Tisch zu tragen – notfalls tue ich es auch selbst. Sie können das exzentrisch finden, aber es macht mich glücklich, meine Arme ablegen zu können. Ich kenne mich und meine Wünsche sehr gut und das ist wirklich gut so. Viel besser, als wenn mich etwas stört, ich aber nicht genau weiß, was zu diesem negativen Gefühl führt.

Wenn ich auf der Karte nicht das entdecke, was ich gerne esse, frage ich, ob die Küche etwas anderes zubereiten könnte. Ich versuche im Leben so wenig Kompromisse einzugehen wie nur möglich. Ich gestalte mein Umfeld so, wie ich es gerne möchte. Es ist wie die Oase in einer Wüste. Es kann ruhig alles drum herum miserabel sein, solange meine kleine Welt in Ordnung ist.

Die Realität der Egoisten

Der andere Faktor in Ihrem Umfeld ist schon schwieriger zu kontrollieren: Menschen. Sie sind überall. Und den größten Einfluss üben diejenigen aus, die in Ihrem direkten Umfeld sind: Familie, Kollegen, Freunde und Bekannte. Aber auch Menschen, die sich Ihnen ungefragt aufdrängen. Sie müssen penibel darauf achten, mit wem Sie sich umgeben.

Denn menschliche Energie ist sehr kraftvoll. Sie können augenblicklich heruntergezogen werden von einer negativen Person. Das hat zur Konsequenz, dass Sie sich auch schnellstens von Menschen trennen oder entfernen müssen, die einen negativen Einfluss auf Sie haben. Dies gehört zu den schwierigsten Unterfangen im Leben. Es ist nämlich – aus Sicht der anderen Person – äußerst unhöflich. Schließlich degradieren Sie den anderen Menschen als »nicht gut genug für mich«. Aber so ist es nun mal.

Sie entscheiden: Mit ihm und unglücklich oder ohne ihn und glücklich. Besonders schwierig ist es bei Freunden oder gar Lebenspartnern. Natürlich versuchen Sie, den anderen mit auf die positive Seite des Lebens zu ziehen. Und je nachdem, wie wichtig Ihnen dieser Mensch ist, versuchen Sie das ziemlich lange. Aber wenn Sie keine Verbesserungen feststellen, müssen Sie Ihren Weg ohne denjenigen weitergehen. Sie können nicht Ihren Erfolg im Leben opfern, nur weil Sie eine sinnlose Beziehung aufrechterhalten wollen.

Schaffen Sie sich Ihr eigenes Utopia. Eine Welt, in der alles möglich scheint und niemand Sie aufhalten kann. In der Sie glücklich sind und sich entfalten können. Sie können sich nicht um jeden kümmern. Sie können es nicht jedem recht machen. Aber Sie können es einer Person recht machen – sich selbst.

WIE SIE DIE OBERHAND BEHALTEN

Ein Erfolgsfaktor, der nachweislich Wirkung zeigt, besteht darin, dem Gegenüber das Gefühl zu geben, die Kontrolle über das Geschehen zu haben.

Dies können Sie zum Beispiel dadurch sicherstellen, indem Sie Suggestivfragen stellen. Sie geben ihm scheinbar eine Wahlmöglichkeit, implizieren aber in Wahrheit bereits eine bestimmte Antwort.

Beispiele für Suggestivfragen sind:

- Finden Sie nicht auch, dass...?
- Hier kann es doch keine zweite Meinung geben, oder?
- Sie wissen dies sicherlich genauso gut wie ich, oder?
- Sie sind doch sicherlich auch der Meinung, dass...?
- Finden Sie diese Idee nicht auch einfach genial?
- Wollen wir nicht alle, dass ...?

Eine weitere hervorragende Strategie, dem anderen das Gefühl der Kontrolle zu vermitteln, ist es, sich dümmer zu stellen, als Sie tatsächlich sind. Kult-Blondine Daniela Katzenberger gab sogar ihrem ersten Buch den Titel Sei schlau, stell dich dumm. Es kam auf die Spiegel-Bestsellerliste. Und auch der viel zitierte Philosoph Sokrates hat dies im antiken Griechenland sehr erfolgreich praktiziert.

Als »sokratische Ironie« bezeichnet man ein sich klein machendes Verstellen (man stellt sich dumm), um den sich überlegen wähnenden Gesprächspartner in die Falle zu locken, ihn zu belehren oder ihn zum Nachdenken zu bringen. Würden

Sie mit all Ihrem Wissen sofort und immer glänzen, dann würde sich das Gegenüber unter Druck gesetzt oder klein fühlen. Das Gesprächsklima wäre von vornherein »vergiftet« und würde Ihnen nicht den gewünschten Erfolg bescheren.

Auch wenn Sie wissen, wie es um die tatsächliche Faktenlage bestellt ist, können Sie, indem Sie die unwissende Rolle einnehmen, den anderen ausfragen, was er tatsächlich alles weiß. So können Sie das Potenzial des anderen einschätzen und mit Ihren eigenen Ressourcen haushalten. Vielleicht entdecken Sie Informationen, die Ihnen im weiteren Verlauf des Gesprächs oder der Verhandlung sehr von Nutzen sein können.

Auch an diesem Beispiel sieht man, wie wichtig es ist, den eigenen Impuls, zu reden oder sich beweisen zu wollen, unter Kontrolle zu haben.

VERTRAUEN SIE NUR SICH SELBST UND POSAUNEN SIE NICHT ALLES HERAUS

Wir erleben immer wieder Situationen, in denen wir auf die Hilfe eines anderen angewiesen sind, um unser Ziel zu erreichen. Niemand wird allein erfolgreich.

Auch der erfolgreichste Mensch der Welt hatte Hilfe. Denken Sie nur mal an einen Industriellen. Ohne Manager, Arbeiter, Hilfsarbeiter und Lkw-Fahrer kann er nicht erfolgreich sein. Gute Egoisten wissen aber, dass es keine völlige Loyalität gibt. Auch in der Familie nicht. Nirgends.

In manchen Situationen oder Beziehungen gibt es eine extrem hohe Wahrscheinlichkeit der Loyalität. Aber eine Garantie dafür gibt es leider nicht. Ob in Kartellen, Gangs, Firmen, Regierungen, Freundschaften oder Familien: Überall finden Sie zahlreiche Beispiele von Menschen, die sich bedingungslose Loyalität geschworen haben und die später doch zu Feinden oder Verrätern wurden.

Vollständig vertrauen können Sie hoffentlich sich selbst, aber niemandem sonst. Spielen Sie das Spiel, solange es möglich ist. Aber verlassen Sie sich im Fall der Fälle niemals nur auf andere. Seien Sie sich selbst gegenüber immer die loyalste Person.

Es ist ein gutes Gefühl, sich selbst vertrauen zu können. Das nennt sich übrigens »Selbstvertrauen«. Wieder ein gutes Beispiel für ein Wort, dessen Bedeutung im Laufe der Geschichte verfälscht wurde.

Ein weiterer Hinweis, den Sie auf jeden Fall beherzigen sollten, um erfolgreich zu werden: Es muss nicht jeder wissen, was Sie im Leben alles erreichen wollen. Manche Menschen laufen herum und binden jedem, der ihnen über den Weg läuft, auf die Nase, was sie für tolle Ziele haben. Social Media und Co. sind dafür eine große Spielwiese. Jeder will den anderen beeindrucken, welch hehre Ziele man sich gesetzt hat. Als ob es eine Errungenschaft wäre, sich etwas vorzunehmen.

Daraus erwachsen jedoch zumindest zwei große Nachteile. Ihre Mitmenschen werden mit Argusaugen beobachten, wie Sie sich schlagen. Sobald es mal bei Ihnen nicht so gut läuft, werden sie Ihre Fähigkeiten hinterfragen oder Sie gar auslachen. Zumindest werden die anderen Sie bei jeder Gelegenheit ausfragen, wie es mit Ihren Zielen steht. Das ist besonders dann unangenehm, wenn Sie nicht recht vorankommen. Sie stehen eben unter Beobachtung.

Der zweite Nachteil ist, dass Sie Verhandlungsnachteile haben. Nehmen wir einmal an, Sie haben öffentlich gesagt, Sie müssen dringend mit Ihrem Grundstück expandieren, weil Sie mehr Platz benötigen. Egal, ob Sie einen Reiterhof haben, ein Universitätsgelände oder einen Betrieb. Der Besitzer des freien Nachbargrundstücks hat von Ihrer öffentlichen Bekanntgabe gehört und kann es gar nicht erwarten, Ihren verzweifelten Anruf entgegenzunehmen. Er kann nun jeden beliebigen Preis verlangen, weil er um Ihre ausweglose Situation weiß.

Sie haben sämtliche Druckmittel aus der Hand gegeben. Verheimlichen Sie jedoch Ihre Ziele und bieten Ihrem Nachbarn ganz beiläufig und fast schon desinteressiert den Kauf des Grundstücks an, ist dies eine weitaus bessere Ausgangsposition. Sie tun so, als wäre es ein nutzloser Spaß für Sie. Sie müssen wahrscheinlich immer noch einen stolzen Preis bezahlen, denn Grundstücke sind wertvoll. Aber keinen »Verzweiflungspreis«, den Sie andernfalls zahlen müssten. Dieses Prinzip passt auf viele Situationen, in denen es besser ist, dass andere Ihre wahren Ziele nicht kennen.

ENTWAFFNENDE EHRLICHKEIT, ABER BITTE KEINE NAIVITÄT!

Es ist gut, positiv zu sein und das Beste zu erwarten bzw. darauf zu hoffen. Aber rechnen Sie auch immer mit dem Schlimmsten. Die Wahrheit ist, dass nicht alles auf dieser

Welt glattläuft. Es ist keine gute Idee, immer die rosarote Brille zu tragen. Seien Sie ein pessimistischer Optimist.

Beruhen Ihre Pläne stets darauf, dass alle Faktoren zu Ihren Gunsten spielen werden, sind sie zum Scheitern verdammt. Und wenn Sie mit erfahrenen Partnern oder Gegnern zu tun haben, werden diese Sie schamlos ausnutzen, wenn sie merken, dass Sie ein Naivling sind. Von daher berechnen Sie auch immer die Unwägbarkeiten in Ihre Vorhaben mit ein, damit Sie nicht überrascht werden können, wenn es mal nicht so klappt wie erwartet. Belügen Sie sich niemals selbst, aber auch nicht Ihr Umfeld! Es könnte Sie teuer zu stehen kommen.

Schließlich wollen Egoisten frei sein. Es ist ihr höchster Wert. Sie wollen unter keinen Umständen erpressbar sein. Gute Egoisten sind schon deshalb keine Lügner, weil Lügen meistens herauskommen. Und das würde sie erpressbar machen. Seien Sie deshalb schonungslos ehrlich. Damit entwaffnen Sie Ihr Gegenüber augenblicklich. Lassen Sie den anderen wissen, dass die Fakten, Beweise oder das Recht auf Ihrer Seite sind. Um die Verhandlungsposition des anderen von vornherein zu schwächen, betonen Sie beiläufig und nicht arrogant, dass die Fakten auf Ihrer Seite sind. Dies verunsichert den anderen unverzüglich und weist ihn in seine Schranken.

In einer Diskussion, in der man Ihnen Dinge vorwirft, können Sie die Anschuldigungen – sofern sie zutreffend sind – sofort bestätigen oder bereitwillig zugeben. Damit ersticken Sie ausufernden Streit oder Drohungen im Keim. Statt mit Anschuldigungen zu jonglieren, können Sie sofort zur Lösung des Problems vordringen und niemand hat ein Druckmittel gegen Sie in der Hand.

Dieses Vorgehen hat noch einen weiteren Vorteil. Wenn Sie Fehler zugeben, steigt Ihre Glaubwürdigkeit immens. Alles, was Sie danach sagen, wirkt somit ebenfalls glaubwürdig. Wollen Sie jemandem fünf Vorteile besonders schmackhaft machen, beginnen Sie zuerst mit einem Nachteil. Das macht die Vorteile glaubhafter.

Tatsächlich gibt es eine Studie, die diese Strategie untermauert. Es handelt sich um eine Untersuchung aus den frühen Siebzigerjahren. Durchgeführt wurde sie von den Psychologen Edward Jones und Eric Gordon von der Duke Universität.

Die Erhebung sah folgendermaßen aus: Es wurde eine Tonaufnahme eines Mannes angefertigt und Probanden vorgespielt. In dieser sprach der Mann davon, dass er ein halbes Jahr lang nicht zur Schule ging, weil er bei einem Betrug ertappt wurde.

Der Clou: Das Band wurde so aufbereitet, dass ein Teil der Probanden dieses Geständnis am Anfang der Aufnahme zu Ohren bekam und der andere Teil hörte es am Ende. Die Veränderung der Sequenz der Geständnisse hatte einen signifikanten Einfluss auf die Einschätzung des Sprechers durch die Probanden.

Wenn der Betrug bereits am Anfang verlautbart wurde, wurde der Mann von den Teilnehmern als wesentlich sympathischer eingeschätzt als umgekehrt. Diese und viele weitere kommen zu dem Schluss, dass, wenn Schwächen sehr früh gezeigt werden, es sich um ein Zeichen von Offenheit und Vertrauenswürdigkeit handelt.[43]

Je länger Sie damit warten, Ihrem Gegenüber reinen Wein einzuschenken, desto bitterer wird er ihm schmecken.

Außerdem ist es nicht nur wichtig, wie und wann Sie Ihr Gegenüber aufklären, sondern auch, wo dies stattfindet. Wenn Sie von jemandem etwas wollen, begeben Sie sich nicht auf dessen Territorium. Denn dort fühlt er sich stark und sicher. Zudem wirken Sie als Bittsteller, wenn Sie in sein Haus kommen und auf seinem Stuhl Platz nehmen und ihn um etwas bitten. Ihr eigener Wert sinkt dadurch. Schlagen Sie lieber einen neutralen Ort vor. Den anderen zu Ihnen kommen zu lassen, kann manchmal, aber nicht immer, eine gute Idee sein. Je nachdem, welche Beziehung Sie pflegen, kann er sich eingeschüchtert oder bedroht fühlen, wenn er in Ihr Territorium kommt. Was dazu führt, dass er vorsichtig oder sogar verschlossen ist. Sie wollen allerdings, dass er entspannt und offen ist. Nur so können Sie ihn auf Ihre Seite ziehen.

WIE EGOISTEN MIT FEEDBACK UMGEHEN

Hören Egoisten auf andere? Ganz ehrlich? In der Regel nicht. Wir müssen unterscheiden zwischen Experten-Feedback und Umfeld-Feedback.

Selbstverständlich können auch Egoisten nicht alles wissen. Wir haben ja bereits festgestellt, dass sich Egoisten besonders auf ihre eigenen Stärken konzentrieren. Alles, was sie nicht so gut können, lagern sie aus.

Wenn Sie also ein rechtliches Problem haben, sagen Sie als kluger Egoist kein einziges Wort mehr. Das übernimmt ab jetzt Ihr Anwalt. Denn er ist der Rechtsexperte und weiß um all die Stolperfallen, in die Sie sich hineinreden können. Su-

Die Realität der Egoisten

chen Sie einen Anwalt mit möglichst großem Ego, der einen Ruf zu verlieren hat. Denn ein Anwalt wird nach Stunden bezahlt, ob er gewinnt oder verliert. Aber ein Anwalt, der seinen Ruf verteidigen muss, wird auf Sieg spielen.

Seine Steuererklärung fertigt ein kluger Egoist nicht selbst an, denn niemand kann den Steuerdschungel noch durchblicken. Sogar die Steuerberater selbst haben ihre liebe Müh und Not damit. Aber sie haben aktuelle Programme und wissen, wo sie nachschlagen müssen. Deshalb lassen Sie die Erklärung von einem Fachmann anfertigen.

Wenn Ihr Arzt Ihnen sagt, Sie haben Krebs, dann ziehen Sie eine Koryphäe auf diesem Gebiet zurate, und wenn auch er den Krebs bestätigt, halten Sie sich an seine Ratschläge. Wenn Ihnen ein ausgewiesener Experte einen Rat erteilt, hören Sie hin. Es ist von enormer Bedeutung, dass Sie einen »echten Experten« an Ihrer Seite haben. Schauen Sie auf seine Referenzen und überprüfen Sie ihn genau. Sprechen Sie mit zufriedenen und unzufriedenen Kunden und wägen Sie ab, ob dieser Experte der richtige für Sie ist.

Da der Begriff »Experte« nicht geschützt ist, darf sich grundsätzlich jeder so nennen. Deshalb ist es wichtig, die Hintergründe zu checken. Wenn der angebliche Experte davor zurückschreckt, Ihnen Personen oder Referenzen zu nennen, suchen Sie lieber das Weite. Es geht schließlich um Ihren Vorteil. Sie müssen mit Profis zusammenarbeiten.

Dennoch müssen Sie auch die Ratschläge von Experten regelmäßig auf den Prüfstand stellen. Es gibt Bereiche, in denen keine eindeutige Expertise Gültigkeit hat. Viele Professoren, PR-Berater oder Gesundheitsexperten lagen in der Vergangenheit mit ihren Aussagen falsch. Eine Garantie gibt es nicht. Nur eine höhere Wahrscheinlichkeit. Wenn es nur nach der Expertenmeinung gegangen wäre, hätte es den Energy-Drink Red Bull nie geben dürfen. In den Achtzigerjahren hatte der damalige Verkäufer Dietrich Mateschitz, heute Multimilliardär, das Getränk in Asien kennengelernt. Mit seiner Idee suchte er unzählige Unternehmensberater – also Experten auf ihrem Gebiet auf –, doch neun von zehn dieser Experten rieten ihm ab, das Getränk in Europa zu vermarkten. 2018 verkaufte Red Bull weltweit 6,8 Milliarden Dosen seines Energy-Drinks. Seit der Gründung wurden 81 Milliarden Dosen in über 160 Ländern der Welt an den Mann und an die Frau gebracht. Manchmal müssen Sie sich also auf Ihr Bauchgefühl verlassen.

Dann gibt es natürlich noch die gut gemeinten Ratschläge aus dem Umfeld. Diese sind in der Regel wenig wert und ein guter Egoist nimmt sie zwar zur Kenntnis, aber ignoriert sie meistens.

Hätte Bill Gates auf seine Eltern gehört, gäbe es Microsoft heute gar nicht. Hätte Albert Einstein auf sein Umfeld gehört, wäre er Schuster geworden. Wie schon erwähnt: Niemand kennt Sie so gut wie Sie sich selbst. Sie müssen Ihre eigenen Entscheidungen treffen.

Besonders Ihr enges Umfeld verfolgt eigene Interessen, die in dessen Ratschläge einfließen. Ihre Eltern wollen Sie beschützen und raten daher von Risiken ab. Oder sie wollen sich nicht für Sie schämen und raten Ihnen deshalb vom Risiko öffentlicher Niederlagen ab.

Ihr Lebenspartner will mehr Zeit mit Ihnen verbringen und rät Ihnen davon ab, Ihre Karriere auszubauen und mehr Stunden in Ihre Arbeit zu investieren.

Ihre Freunde wollen nicht als Loser dastehen und raten Ihnen davon ab, sich um den Vorstandsposten in Ihrer Firma zu bewerben. Mal ganz davon abgesehen, dass die meisten Menschen immer falschliegen. Die Masse der Bevölkerung steht immer auf der falschen Seite, weil sie der Herde folgt.

Schauen Sie sich dazu verschiedene Statistiken an. Glück im Beruf, Glück in der Liebe, finanzielle Vorsorge und Vermögen, Gesundheit, Bildung etc. Die Masse ist nicht erfolgreich. Darum dürfen Sie auch niemals auf die Masse hören, wenn Sie selbst erfolgreich sein wollen. Die Wahrscheinlichkeit, dass der Ratschlag falsch ist, ist zu hoch. Noch einmal: Sie können alle gut gemeinten Ratschläge zur Kenntnis nehmen und Schlussfolgerungen ziehen. Aber letztendlich müssen Sie auf Ihr Bauchgefühl hören und in Ihrem eigenen Interesse entscheiden, schließlich zahlen Sie den Preis für Ihr Handeln, aber eben auch für Ihr Nicht-Handeln.

WRAP-UP

Geben Sie es zu. Vieles von dem, was Sie in diesem Buch lesen, hören Sie nicht zum ersten Mal. Es ist wie bei vielen Dingen im Leben: Man weiß eigentlich, was man tun müsste, um glücklicher, reicher oder gesünder zu sein. Aber man unternimmt nicht die Schritte in Richtung Erfüllung dieser Ziele. Das liegt zum einen daran, dass man Angst hat. Wir alle haben Angst vor der Reaktion unserer Umwelt, weil Menschen nun mal gerne Teil einer Sozialgemeinschaft sind. Daran ist auch grundsätzlich nichts auszusetzen, aber wir übertreiben es mit unserer Sucht nach Harmonie oft maßlos. Sie müssen diese Gedanken auch zu Ende denken. Was geschieht, wenn Sie einen Schritt wagen oder auch nicht wagen? Praktizieren Sie hin und wieder das »Worst-Case-Denken«. Dabei werden Sie feststellen, dass Dinge nie so heiß gegessen werden, wie sie gekocht werden. Vielleicht werden sich einige Menschen von Ihnen abwenden, weil Sie nun mehr an sich und Ihre eigenen Ziele im Leben denken. Sie werden den anderen vielleicht nicht mehr sofort jeden Gefallen erweisen, wie Sie es früher getan haben. Aber das gehört zum Prozess. Vielleicht wird es kurzfristig einige Schmerzen verursachen, wenn Menschen Ihnen den Rücken kehren. Aber langfristig werden Sie glücklicher, reicher und gesünder sein. Das ist die Botschaft, die ich Ihnen mit diesem Buch vermitteln wollte. Sie sollen Ihr volles Potenzial ausschöpfen und eines schönen Tages glücklich und erschöpft von dieser Welt gehen. Bedenken Sie, dass es jeden Tag so weit sein kann. Denken Sie an den letzten Autobahn- oder Flugzeugunfall, von dem Sie in den Medien gelesen haben. Glauben Sie nicht auch, all diese Menschen hatten noch etwas vor? Selbstverständlich. Aber ich kann Ihnen sagen, welche dieser Menschen mit einem Lächeln auf den Lippen starben: die guten Egoisten. Packen Sie Ihr Leben bei den Hörnern und quetschen Sie alles heraus, was möglich ist. Und pfeifen Sie auf die guten Ratschläge der anderen. Sie sind der Gebieter über Ihr Leben, niemand sonst.

Wenn Sie im Leben nach der Antwort suchen, müssen Sie die richtigen Fragen stellen. Deshalb habe ich Ihnen am Beginn des Buches bereits in Aussicht gestellt, dass Coach Michael Jagersbacher Sie auf den letzten Seiten an die Hand nehmen wird und Ihnen hilft, mit den richtigen Fragen und den richtigen Coaching-Impulsen einen neuen, erfolgreichen Weg zu beschreiten. Er ist einer der gefragtesten Coaches in Österreich. Wer Michael mal im Fernsehen oder auf der Bühne erlebt hat, versteht, warum. Er beherrscht es, die richtigen Fragen und die richtigen Antworten zur richtigen Zeit zu platzieren. Darum können Sie nun von ihm lernen, wie Sie ein guter Egoist werden. Viel Erfolg bei allem, was Sie sich vornehmen.

Ihr Julien Backhaus

COACHINGTIPPS

VON MICHAEL JAGERSBACHER

Wenn Sie bis hierher gelangt sind, dann ist Ihnen mit Sicherheit schon bewusst, wie wichtig es ist, für sich selbst einzustehen und die eigene Agenda zu verfolgen. Damit dies gelingen kann, habe ich einige Coachingtipps verfasst, die dabei helfen sollen, Ihr Leben nachhaltig zu verbessern. Und wie so oft sind es die kleinen Dinge im Leben, die große Wirkung erzielen.

Ich habe die Coachingelemente bewusst so ausgewählt, dass sie schrittweise zu einer Veränderung Ihrer Wahrnehmung von sich selbst führen. Alles andere wäre bloße Überforderung.

Deshalb freue ich mich sehr, wenn Sie meine Coachingtipps in Ihr Leben integrieren und so dazu beitragen, Ihre Lebensqualität auf ein neues Level zu heben.

Viel Erfolg und Spaß beim Umsetzen wünscht Ihnen

Michael Jagersbacher
www.michael-jagersbacher.at

1. GEWOHNHEITEN ETABLIEREN

Zu Beginn komme ich mit einer Binsenweisheit daher: Nichts ist so schwierig abzugewöhnen wie eine schlechte Gewohnheit. Was eine schlechte Angewohnheit ist, müssen Sie für sich selbst entscheiden.
Doch bleiben wir bei der Kultivierung neuer Gewohnheiten. Schon die berühmte Marie von Ebner-Eschenbach wusste: »Die Gewohnheit ist langlebiger als die Liebe und überwindet manchmal sogar die Verachtung.« Gewohnheiten strukturieren Ihr Leben und demzufolge sind sie die Basis Ihrer Zufriedenheit und Ihres Lebensglücks. Ein Grund mehr, sich genau anzusehen, wie man sie etabliert.

GEWOHNHEITSKULTIVIERUNG IST ZIELKULTIVIERUNG

Die Basis jeglicher selbst gesetzten Gewohnheit ist das Ziel, das Sie erreichen möchten. Erstaunlich viele Menschen wandeln ohne konkrete Zielsetzung durch ihr eigenes Leben. Wir haben bereits über Ziele gesprochen, nun gehe ich noch auf die konkrete Formulierung derselbigen ein.
Egal, welches Zielmodell Sie zur Hand nehmen, in jedem Fall sollte das Ziel so konkret wie möglich sein. Sätze wie:

- »Ich möchte abnehmen!«
- »Ich möchte sportlicher werden!«
- »Ich möchte glücklich sein!«

werden nicht dazu taugen, neue Gewohnheiten zu etablieren. Warum nicht? Weil diese Aussagen viel zu pauschal formuliert sind und nicht klar wird, wohin die Reise genau gehen soll. Statt: »Ich will abnehmen!« könnten Sie die genaue Gewichtsmenge angeben, die Sie verlieren möchten, oder besser wäre es, wenn Sie den Body-Mass-Index als Maßstab hernehmen oder aber Sie lassen sich das Fett-Muskel-Verhältnis genau berechnen. Auf dieser Basis können Sie dann ein konkretes Ziel formulieren.

Zum Beispiel so: »Bis zum 31.12.2020 möchte ich gerne zehn Kilogramm abnehmen. Dies möchte ich mit zweimal Muskeltraining und einem ausgiebigen Spaziergang in der Woche erreichen. Darüber hinaus werde ich meinen Süßigkeitenkonsum massiv reduzieren, indem ich mir nur an zwei Tagen in der Woche – vornehmlich am Wochenende – Süßigkeiten gönne. Des Weiteren werde ich nur noch zweimal die Woche Fleisch essen!«

Das könnte natürlich noch viel genauer ausfallen, es zeigt jedoch schon sehr gut, wohin die Reise geht. Es zeigt auch, dass Sie sich Wissen über den Bereich aneignen müssen, in dem Sie eine neue Gewohnheit etablieren möchten. Sonst gehen Sie vielleicht in die völlig falsche Richtung, wenn Sie nicht wissen, dass die Ernährung eine zentrale Rolle bei der Gewichtsabnahme spielt.

Diese Vorgehensweise können Sie nun auf alle Ebenen Ihres Lebens übertragen. Erforschen Sie Ihre Wünsche und Bedürfnisse, eignen Sie sich Wissen an und entscheiden Sie sich für einen Weg, der Ihnen am besten erscheint. In schwierigen Fällen ziehen Sie ausgewiesene Experten zurate (siehe Kapitel über Feedback in diesem Buch ab Seite 182).

AM BALL BLEIBEN

Bis jedoch dieser Prozess zur Gewohnheit wird, muss einige Zeit verstreichen. Damit Sie tatsächlich am Ball und damit in der Umsetzung bleiben, muss Ihr Ziel auch tatsächlich Ihr Ziel sein. Das hört sich banal an, es kommt aber häufig vor, dass Menschen die Ziele von anderen Menschen übernehmen, ohne dass sie eine Leidenschaft dafür entwickeln. Wie oben schon beschrieben – machen Sie alles aus Leidenschaft und nicht, weil jemand anderes sagt, dass Sie es machen sollten. Verfolgen Sie Ihre eigene Agenda, und nicht die der anderen.

Sie müssen Ihr Ziel »sexy« finden, um es auf Dauer zu verfolgen.

Eine Möglichkeit, sich zu ermuntern, ist es, sich nach Etappenzielen zu belohnen. Beim oben genannten Beispiel: Wenn Sie es geschafft haben, eine Woche nach diesem Lifestyle zu leben, können Sie sich eine Massage gönnen. Das nächste Mal machen Sie dies nach drei Wochen, und dann wieder nach sechs Wochen. Damit steigt die Chance, dass Sie danach bereits ein Ritual etabliert haben, das Ihrem Ziel zuträglich ist.

Darüber hinaus kann es von Vorteil sein, sich je nach persönlicher Vorliebe Mitstreiter zu suchen, die ähnliche Ziele wie Sie verfolgen. Als gesunder Egoist brauchen Sie zwar keinen anderen, um Ihre Agenda zu verfolgen, doch behalten Sie dies als Möglichkeit im Hinterkopf.

Coachingtipps von Michael Jagersbacher

2. DEN ENTSCHEIDUNGSMUSKEL TRAINIEREN

Entscheidungen zu treffen bedeutet nichts anderes, als den für Sie richtigen Weg vom falschen zu unterscheiden und auch zu gehen. Die Kunst der Entscheidung liegt somit sowohl im Erkennen unterschiedlicher Wege als auch in der Zuversicht, den richtigen Weg ausgewählt zu haben.

Viele Menschen haben Angst, sich für die falsche Seite zu entscheiden, und legen sich deshalb gar nicht fest. Wie wir bereits wissen, ist die »Nicht-Entscheidung« wohl die schlechteste aller Entscheidungen. Schon der berühmte Charles de Gaulle hat dies erkannt: »Es ist besser, unvollkommene Entscheidungen durchzuführen, als beständig nach vollkommenen Entscheidungen zu suchen, die es niemals geben wird.« Ob die Entscheidung richtig oder falsch war, erkennt man immer erst im Nachhinein. Trifft man keine Entscheidungen, dann gibt es auch keine Lernanlässe. Sorgen Sie daher immer für Lernanlässe!

OPTIONEN GENERIEREN

Die Basis einer Entscheidung ist die Entscheidungsmöglichkeit. Sie können in Ihrem Leben wirklich ALLES entscheiden. Und wenn ich alles sage, dann meine ich auch alles. Sie können darüber entscheiden, mit wem Sie gerne Zeit verbringen möchten. Sie können entscheiden, womit Sie gerne Zeit verbringen möchten. Sie können entscheiden, welche Bücher Sie lesen. Sie können entscheiden, wie Sie sich ernähren wollen.

Sie können entscheiden, welchem Beruf Sie nachgehen. Sie können entscheiden, welchen Lebensstil Sie verfolgen. Alle diese Elemente sind nicht in Stein gemeißelt. Andererseits ist Ihr derzeitiges Leben das Ergebnis all Ihrer Entscheidungen, die Sie bis dato in Ihrem Leben getroffen haben. Sind Sie damit glücklich? Gut! Sind Sie damit unglücklich? Entscheiden Sie sich dafür, die Situation zu ändern.

Entwickeln Sie zu jeder Ihrer Herausforderungen Lösungsstrategien. Bleiben wir bei einer Alltagssituation: Ihr Kind möchte nicht ins Bett. Eine Situation, an der manche Eltern schon verzweifelt sind. Entwerfen Sie mindestens fünf (!) Handlungsoptionen, um das Kind ohne Geschrei und Zwang ins Bett zu bekommen.

1. Eine Gute-Nacht-Geschichte vorlesen.
2. Süßigkeiten versprechen.
3. Mit dem Kind im Bett schlafen.
4. Ein Kuscheltier als Bewachung auswählen.
5. Ein Schlaflicht einschalten.
6. Etc.

Die Möglichkeiten sind unendlicher Natur. Übrigens in jeder Situation in Ihrem Leben. Diese Übung soll dabei helfen, Ihre Kreativität in Gang zu bringen und sie in Ihr Leben zu integrieren. Wer immer nur das Problem, aber keine Lösungen sieht, kann sich auch nicht entscheiden. Wofür auch?

Kommen wir zurück zu dem Kind, das nicht ins Bett möchte. Sie werden sich vermutlich nicht für Punkt 2 entscheiden. Vielleicht wählen Sie auch eine Kombination aus mehreren Vorschlägen, also das Nachtlicht und ein Bewachungskuscheltier. Vielleicht fällt Ihnen aber auch etwas ganz anderes ein. Gut so. So trainieren Sie Ihre Entscheidungskraft. Die für Sie beste Option erhält den Zuschlag. Das nennt man dann »eine Entscheidung treffen«.

KONTROLLE ÜBER DAS EIGENE LEBEN ERLANGEN

Nun gut, wir verfügen über mehrere Handlungsoptionen. Es gilt nun, eine gewisse Kontrolle über das eigene Leben auszuüben. Wir treffen den ganzen Tag unbewusst Entscheidungen. Der Trick besteht darin, ganz bewusst Entscheidungen zu treffen, auch über vermeintlich banale Dinge.

Wenn Ihr Partner Sie zum Beispiel fragt, was Sie zu Mittag essen möchten, dann sagen Sie ab jetzt nicht mehr: »Ist mir egal!«, sondern Sie treffen eine Entscheidung. Wenn der Kinomitarbeiter Sie fragt, welchen Platz Sie gerne hätten, dann sagen Sie nicht: »Entscheiden gerne Sie!« Wenn Sie lernen, in die Entscheidungsdominanz zu gehen, dann können Sie von banalen Elementen Ihres Lebens zu wirklich wichtigen Dingen, wie Job etc., übergehen. Die Hauptsache ist, dass Sie damit anfangen, Entscheidungen zu treffen und sie nur im Notfall, also wenn es nachweislich die falsche war, zu revidieren. Der Egoist lernt schließlich aus seinen Fehlern, er muss es sich allerdings auch erlauben, welche zu machen.

3. WAS IST IHR ANTREIBER?

Die Transaktionsanalyse hat ein Modell entwickelt, mit dem man innere Antreiber sehr gut identifizieren kann. Sie stellen die Basis unserer Handlungs- und Denkweisen dar und weisen fünf verschiedene Ausprägungen auf:

1. Sei perfekt!
2. Sei stark!
3. Streng dich an!
4. Beeil dich!
5. Sei gefällig! / Mach es allen recht!

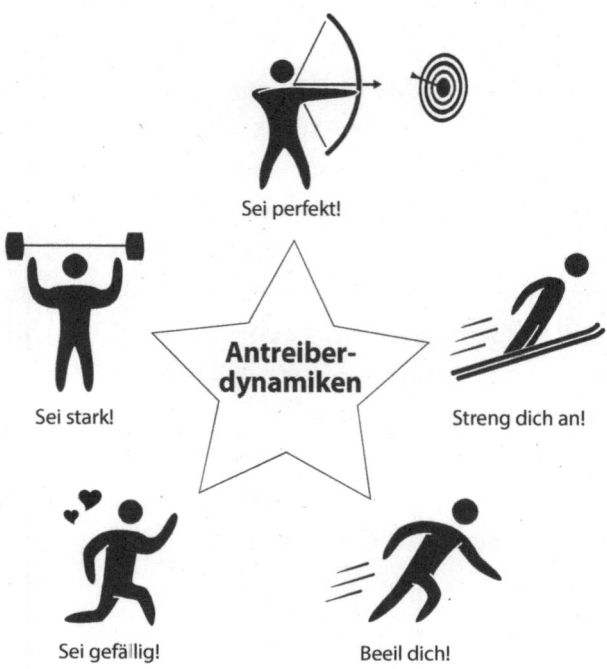

Coachingtipps von Michael Jagersbacher

Die Transaktionsanalyse geht davon aus, dass diese Antreiber unser Wertesystem nachhaltig beeinflussen. Sie wurden uns bereits in der Kindheit beigebracht und beeinflussen unsere Meinung von uns selbst und unsere Sicht auf die Welt. Jeder Antreiber ist Teil unserer Persönlichkeit, wenngleich auch in unterschiedlichster Ausprägung.

Je stärker die Ausprägung eines oder mehrerer Werte, desto stressiger ist unser Alltag. Wenn in mir der Impuls herrscht, immer alles perfekt erledigen zu müssen, kann mich das mit der Zeit sehr auslaugen, vor allem dann, wenn die Aufgabe keine Perfektion verlangt.

Wenn ich davon überzeugt bin, immer stark sein zu müssen, darf ich mich nie fallen lassen und kaum Emotionen zeigen, die nichts mit dem Ausdruck von Stärke zu tun haben.

Wenn ich den Antreiber habe, mich ständig anstrengen zu müssen, werde ich Leistung nur über den Grad meiner Anstrengung definieren. Je mehr ich mich angestrengt habe, desto größer war meine Leistung, selbst dann, wenn die Aufgabe keinen 100-prozentigen Einsatz benötigt hätte.

Wenn der Antreiber »Beeil dich!« bei mir vorherrschend ist, werde ich alle Aufgaben immer möglichst schnell erledigen und Dinge nicht auskosten können. Stress ist dabei selbstverständlich vorprogrammiert.

Der letzte Antreiber ist in unserem Zusammenhang der wichtigste. Wenn Sie es allen Menschen recht machen möchten, dann bleiben Sie selbst auf der Strecke. Nur so nebenbei: Man kann es auch gar nicht allen Menschen recht machen, selbst wenn man es wollte. Je stärker dieser Antreiber ausgeprägt ist, desto weniger Egoismus leben die Menschen auch.

Sie fühlen sich erst wichtig, wenn sie die Bedürfnisse anderer befriedigt haben. Den Menschen um Sie herum soll es gut gehen. Auch wenn das große Belastung und Stress mit sich bringt. Dieser Antreiber sorgt dafür, dass immer »Ja« gesagt wird, nur um Frieden und Harmonie walten zu lassen. Wie Sie aus den Ausführungen von Julien Backhaus wissen, ist dies der sichere Weg ins Unglück.

Wo es Antreiber gibt, gibt es auch »Erlauber«, die dabei helfen, den Antreibern Einhalt zu gebieten. Beim Antreiber »Mach es allen recht« kommt folgender »Erlauber« zum Tragen: »Ich darf Nein sagen.« Am besten ist es, wenn Sie diesen Satz notieren und überall dort anbringen, wo Sie sich vermehrt aufhalten. Beispielsweise im Büro, am Heim-PC etc.

Hierzu gibt es mehrere Testungen, die Sie bequem im Internet durchführen können, um herauszufinden, welches Ihr primärer Antreiber ist:

- https://www.hernstein.at/fileadmin/user_upload/Blog_pdf-Dateien/Antreiber-Test.pdf
- https://www.transaktionsanalyse-online.de/wp-content/uploads/2017/09/Die-inneren-Antreiber.pdf

4. OPFERSÄTZE IDENTIFIZIEREN

Bereits der berühmte Philosoph Ludwig Wittgenstein hat gewusst, wie wichtig die Sprache für die Gestaltung unseres Lebens ist: »Die Grenzen meiner Sprache sind die Grenzen meiner Welt!« Ich gehe an dieser Stelle einen Schritt weiter und sage: Die Art der Sprache mit mir selbst bestimmt meine Lebensqualität.

Wie Sie mit sich selbst sprechen, bestimmen einzig und allein Sie. Niemand kann Ihnen vorschreiben, außer Sie selbst, wie Sie mit sich selbst kommunizieren. Denn dies tun Sie beinahe 24 Stunden am Tag, sieben Tage die Woche. Achtung: Hier geht es nicht um eine permanente Positivinterpretation Ihres Lebens. Es geht Schritt für Schritt darum, den Ihnen gebührenden Respekt nicht von außen einzufordern, sondern mehr und mehr aus Ihrem Inneren heraus zu erweisen. Wenn Sie auch in der Sprache mit sich selbst liebevoll und respektvoll sind, kann die Umwelt anders interpretiert werden.

Egoisten übernehmen die volle Verantwortung für ihre Lebensweise, ihre Handlungen und ihre Ergebnisse. Seien wir ehrlich, nicht viele Menschen schaffen dies. Dauernd wird ein Sündenbock gesucht und die meisten versuchen, sich selbst als Opfer der Umstände darzustellen. Wo ich jedoch Opfer bin, kann keine Freiheit im eigentlichen Sinne herrschen, da ich dann vom Umfeld und den Gegebenheiten abhängig bin.

Solche »Opfersätze« könnten folgende sein:

- Ich halte die Zügel nicht in der Hand.
- Ich kann nichts dafür.

- Ich bin einfach zu dumm, zu klein, zu groß, zu breit, zu schmal, zu klug etc.
- Dafür bin ich einfach nicht gemacht.
- Was soll man da schon machen?
- Das entscheiden andere.
- Schuld ist/sind die Politik, meine Eltern, die Wirtschaftslage, das Finanzamt, die Nachbarn, meine Verwandte, mein Arbeitskollege, meine Frau, mein Mann, die Geschwindigkeitsbegrenzung, das Wetter etc.

Diese Sätze zementieren Ihre Position und machen Sie handlungsunfähig. Als gesunder Egoist sollten Sie sich schnellstmöglich von diesen Aussagen lösen und durch produktivere ersetzen, die Ihnen Ihre Freiheit zurückgeben.

Fragen Sie sich stattdessen:

- Wie kann ich die Zügel wieder zurückbekommen?
- Was ist mein Anteil an diesem Ergebnis? An dieser Situation? An dieser Reaktion?
- Ich bin zu 100 Prozent für meine Ergebnisse verantwortlich.
- Was kann ich heute Gutes für mich tun?
- Wie kann ich mir selbst ein noch geileres Leben bereiten?
- Ich entscheide, wo es langgeht.

5. DANKBARKEIT WALTEN LASSEN

Die Stopp-Technik (also die Technik, negative Gedanken oder Glaubenssätze wie »Ich schaffe das nicht« zu zügeln) ist eine sehr gute Methode, wenn Sie bemerken, dass es gedankentechnisch für Sie in die falsche Richtung geht. Dann können Sie sich selbst darauf aufmerksam machen.

Eine sehr schöne Methode, um den Tag zu beenden, ist, ein kleines Tagebuch zu führen. Idealerweise schreiben Sie jeden Abend drei Dinge auf, für die Sie dankbar sind, und zwar wie folgt:

- Ich bin dankbar, dass ich gesund bin.
- Ich bin dankbar, dass ich ein Dach über dem Kopf habe.
- Ich bin dankbar für meinen Morgenkaffee, den ich morgen wieder genießen werde.

Schreiben Sie jeden Abend drei neue Sachen auf, Erlebtes aus Ihrem Tagesablauf oder allgemeine Dinge, für die Sie Dankbarkeit empfinden. Nach 30 Tagen haben Sie 90 Dinge in diesem Tagebuch stehen, für die Sie dankbar sind.

Wichtig ist auch, dass Sie sich diese Sätze, besonders am Morgen, immer wieder durchlesen, um in die richtige Stimmung für den Tag zu kommen. Sie werden merken, mit wie viel guter Laune sich der Tag bestreiten lässt und wie viel weniger Sie auf die Stopp-Technik zurückgreifen müssen. Ersetzen Sie beispielsweise das Lesen der Tageszeitung durch das Lesen Ihres Tagebuchs.

FÜR FORTGESCHRITTENE:

Wenn Sie es sogar schaffen, für negative Situationen in Ihrem Leben dankbar zu sein, dann kann Sie wirklich nichts und niemand mehr aufhalten. Man kann für Probleme oder herausfordernde Situationen dann dankbar sein, wenn man einen Sinn in ihnen erkennt.

- Wenn der Partner Sie verlässt, könnte es sein, dass es deshalb ist, weil vielleicht eine andere Person besser zu Ihnen passen würde.
- Wenn Sie einen Streit mit Ihrem Vorgesetzten haben, könnte er vielleicht deshalb stattgefunden haben, damit Sie Ihre berufliche Situation neu überdenken.

Wenn Sie diese gedanklichen Schritte gehen können, dann werden Sie immer mehr in Ihrer inneren Mitte ruhen und Sie können sich immer besser der Gestaltung Ihres Lebens hingeben. Sie agieren aus einer Haltung der Balance.

6. PROFESSIONELLER UMGANG MIT NIEDERLAGEN

Meistens ist es nicht die Angst, sondern die viel zitierte Angst vor der Angst. Die Angst ist ein Instinkt, der eigentlich Gutes leisten möchte. In erster Linie stellt Angst Energie zur Verfügung, um Herausforderungen zu meistern. Ob Sie diese Quelle nun anzapfen, um die Herausforderung zu bewältigen oder vor ihr zu flüchten, haben nur Sie in der Hand.

Wir haben ein bestimmtes Bild von uns, an dem wir uns orientieren. Dieses Bild bezieht seine Kraft und seine Konturen aus der Vergangenheit. Wir denken, dass wir immer so reagieren, wie wir in der Vergangenheit reagiert haben. Doch wer sagt dies eigentlich? Vielleicht können Sie ganz einfach entscheiden, ein anderer Mensch als gestern zu sein. Provokant? Gut so! Denn wie heißt es im *Buch des Mirdad*: »Der Mensch ist ein Gott in Windeln!« Der Mensch verfügt über die notwendigen Fähigkeiten, alles Mögliche aus sich zu machen. Vielleicht hat er es nur vergessen, doch die Potenziale sind in ihm angelegt. Lassen Sie sich also nicht von Ihrer Vergangenheit und der Angst vor der Angst einholen.

Niederlagen sind Teil des Spiels, das sich Leben nennt und an dem Sie glücklicherweise teilnehmen dürfen. Es gibt hier ein schönes Sprichwort: »Ich verliere nie. Entweder gewinne ich oder ich lerne dazu!« Mit solch einer Einstellung wird natürlich vieles leichter.

Gleichzeitig müssen Sie – und niemand sonst – dafür sorgen, dass Sie geistig in einer guten Verfassung sind. Wie schaffen Sie das?

Indem Sie sich vergegenwärtigen, was Sie bereits alles in Ihrem Leben geleistet haben und was Sie gut können. Schreiben Sie mindestens 100 Dinge auf, die Sie gut können und für die Sie sich selbst wertschätzen! Ja, ich weiß, dies hört sich viel an, doch seien Sie froh, dass ich nicht 1000 gesagt habe

Je mehr positive Dinge Sie über sich selbst in Erfahrung bringen, desto leichter wird es Ihnen fallen, vorübergehende Niederlagen wegzustecken. Angst vor Niederlagen müssen nur Menschen haben, die sich selbst nicht wertschätzen können. Nur Sie selbst können für diese Wertschätzung sorgen.

Also nehmen Sie bitte Stift und Papier zur Hand und legen Sie los! Seien Sie es sich wert!

Coachingtipps von Michael Jagersbacher

7. DEN EIGENEN WERTEKOMPASS FINDEN

Ein sehr schönes Zitat ist in diesem Zusammenhang die folgende Aussage des deutschen Dichters Johann Gottfried Seume aus dem 18. Jahrhundert: »Der Weise fragt nicht, ob man ihn auch ehrt. Nur er allein bestimmt sich seinen Wert.« Sie allein bestimmen Ihren Wert. Nicht nur das, Sie bestimmen auch, nach welchen Werten Sie handeln.

Im Folgenden haben Sie eine Liste von 200 Werten, mit denen Sie arbeiten können. Was ich bereits in *Erfolg – Was Sie von den Super-Erfolgreichen lernen können* auf Seite 31 beschrieben habe, können Sie hier nun ebenfalls durchführen:

Notieren Sie sich aus jeder Zeile der Aufzählung jeweils einen Wert, der für Sie heraussticht. Dann lassen Sie die ausgewählten Werte gegeneinander antreten. Haben Sie in der ersten Zeile die Harmonie gewählt und in der zweiten Zeile den Genuss, müssen Sie sich danach entscheiden, welcher der beiden Werte in die nächste Runde kommt. Im Schaubild unten stünde »Harmonie« dann für »A«, »Genuss« für »B«. Der wichtigere der beiden Werte ist dann eine Runde weiter

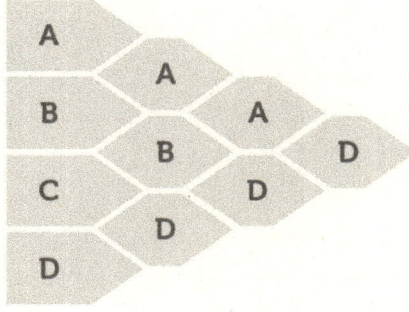

und tritt erneut an. Am Ende erhalten Sie den wichtigsten Wert, der für Sie Priorität hat.

- Harmonie Lässigkeit Veränderung
- Freiheit Kompetenz Genuss
- Verantwortung Kommunikation Verbindlichkeit
- Glück Zuverlässigkeit Ordnung
- Treue Kreativität Schönheit
- Herzlichkeit Vitalität Wachstum
- Achtsamkeit Demut Dankbarkeit
- Mitgefühl Spielen Tiefe
- Sinn Entwicklung Geborgenheit
- Humor Akzeptanz Toleranz
- Leichtigkeit Kraft Zärtlichkeit
- Freude Sinnlichkeit Lebenslust
- Ästhetik Vielfalt Gelassenheit
- Sportlichkeit Charisma Häuslichkeit
- Wissen Einsicht Engagement
- Liebe Weisheit Rücksicht
- Aufregung Lust Flexibilität
- Spaß Klarheit Offenheit
- Großzügigkeit Präzision Besonnenheit
- Glaubwürdigkeit Beharrlichkeit Abenteuer
- Tradition Heimat Weltbürger sein
- Erfolg Frieden Nähe
- Natur Begeisterung Nachhaltigkeit
- Selbstbestimmung Ausgeglichenheit Austausch
- Ruhe Gesundheit Spiritualität
- Respekt Sicherheit Natürlichkeit

Coachingtipps von Michael Jagersbacher

- Leidenschaft Loyalität Ideenreichtum
- Verbundenheit Effizienz Produktivität
- Authentizität Aktivität Ehrgeiz
- Ekstase Risiko Lebendigkeit
- Disziplin Dienen Integrität
- Altruismus Egoismus Einfachheit
- Einheit Einfluss Macht
- Stärke Fülle Ruhm
- Einzigartigkeit Erkenntnis Expertentum
- Fairness Familie Mut
- Führung Freizügigkeit Fokus
- Flow Gerechtigkeit Gewissheit
- Reichtum Glaube Heldentum
- Ehrlichkeit Herausforderung Intuition
- Intelligenz Stille Hingabe
- Vertrauen Intimität Konzentration
- Können Kooperation Lernen
- Einzelgängertum Milde Mitgefühl
- Mäßigung Verpflichtung Ordnung
- Pragmatismus Fantasie Neugier
- Selbstverantwortung Selbstverwirklichung Reinheit
- Selbstbeherrschung Sensitivität Seelentiefe
- Selbstvertrauen Bedeutsamkeit Sparsamkeit
- Reife Spannung Spontanität
- Stärke Synergie Überfluss
- Überraschung Unabhängigkeit Visionär
- Wildheit Wahrheit Wunder
- Frohsinn Gemeinschaft Wärme
- Leistung Zugehörigkeit Sozial sein

- Feiern Balance Würde
- Behutsamkeit Fröhlichkeit Gleichmut
- Effektivität Ernsthaftigkeit Stabilität
- Effizienz Natürlichkeit Wertschätzung
- Bewusstheit Klugheit Sorgfalt
- Hoffnung Einssein Bescheidenheit
- Optimismus Besonnenheit Menschlichkeit
- Beweglichkeit Geduld Güte
- Vernetzung Wandel Genialität
- Integration Perfektion Lebensfreude
- Weiterentwicklung Schutz Idealismus

Und der Gewinner ist: _____

Sie sollten sich allerdings nicht nur auf den Gewinner dieser Challenge versteifen. Sehen Sie sich auch an, welche Werte mehrere Runden überstanden haben, auch sie könnten großen Einfluss auf Sie und Ihr Denken haben. Viel Erfolg bei der individuellen Erkundung!

Coachingtipps von Michael Jagersbacher

8. LERNEN SIE VERHANDLUNGEN ZU GESTALTEN!

Aus dem Coachingteil über Antreiber wissen Sie bereits, dass es von elementarer Wichtigkeit ist, sich im Nein-Sagen zu üben. Ganz zu Beginn eignen sich digitale Versteigerungsplattformen wie eBay oder dergleichen. Dort haben Sie den Vorteil, dass Sie den Verhandlungspartner nicht kennen und sich in der hohen Kunst der Verhandlung üben können. Merken Sie sich den Spruch: »Never say yes to the first offer!« Auch diesen Spruch sollten Sie sich notieren und neben Ihrem Computer anbringen, bevor die Verhandlungen um das nächste Produkt starten.

Seien wir ehrlich: In unserem Kulturkreis sind Verhandlungen eher unüblich und widersprechen jeglichem gesellschaftlichen Kontext. Dies ist logisch, denn sobald Sie verhandeln, machen Sie es der anderen Partei nicht recht, sondern verfolgen Ihre eigene Agenda. Kürzlich habe ich selbst auf so einer Plattform eine Uhr verkauft. Der Käufer formulierte seine Frage, ob man beim Preis nicht noch was machen könne, folgendermaßen: »Ich möchte ja nicht unverschämt sein, aber können Sie mit dem Preis noch etwas nach unten gehen?« Hier haben wir den Beweis für meine oben angeführte These. In unserem Kulturkreis empfinden wir es tendenziell als unverschämt, zu verhandeln. Vergessen Sie dies. Seien Sie ruhig unverschämt und holen Sie das Beste für sich heraus.

Natürlich kommen Sie nicht mit jeder Forderung durch. Wenn der Verhandlungspartner 200 Euro für ein besonderes Schmuckstück haben will, können Sie nicht mit einem Fünf- Euro-Angebot in die Verhandlung gehen. Das wäre tatsächlich unverschämt. Entwickeln Sie ein Gespür dafür, was geht und was nicht geht. Ihr Verhandlungspartner macht dies ebenso. Sieht er die Chance, mehr Geld für seine Ware zu erzielen, wird er Ihnen eine Absage erteilen.

Wenn Sie merken, dass Ihr Verhandlungsgeschick besser geworden ist, dehnen Sie die Übung auf Ihren Alltag aus. Sagen Sie nicht mehr zu allem Ja und Amen, nur um dem anderen zu gefallen.

9. GUT ZU SICH SELBST SEIN

Eine Ikone ist stets gut zu sich selbst! Schließlich hat sie das verdient. Fragen Sie sich nun einmal, wann Sie das letzte Mal gut zu sich selbst waren.

Ich spreche nicht davon, den Fernseher am Abend einzuschalten und sich drei Stunden berieseln zu lassen, schließlich lenkt auch dies nur von der Beschäftigung mit uns selbst ab.

Wann haben Sie das letzte Mal alleine einen Kurzurlaub gemacht? In der Gesellschaft wird man schief angesehen, wenn man erklärt, dass man alleine, ohne Partner, ohne Kinder, ohne Freunde im Urlaub war. Doch nur dann, wenn Sie den Urlaub auch alleine genießen können, können Sie ihn in Begleitung noch mehr genießen.

Es muss nicht unbedingt mit einem Urlaub beginnen. Es reicht, wenn Sie sich alleine in ein Café setzen und sich selbst dabei beobachten. Zwangsläufig nehmen Sie Ihr Umfeld wahr. Achten Sie darauf, was dies in Ihnen auslöst. Freuen Sie sich, dass Sie sich diese Auszeit gegönnt haben. Haben Sie kein schlechtes Gewissen, dass Sie Ihren Terminkalender nicht mit Treffen von Freunden oder Geschäftspartnern vollgepackt haben. Tauchen Sie in sich selbst ein und genießen Sie Ihr Alleinsein.

Falls Ihnen dies noch immer zu »progressiv« ist, sorgen Sie zu Hause für Ruhe. Kochen Sie sich einen Tee und begeben sich ans Fenster. Lassen Sie das Radio, das Smartphone oder Ihren Fernseher ausgeschaltet. Versuchen Sie, so wenig Aktivitäten wie möglich durchzuführen. Seien Sie mit sich allein, und wenn es nur 15 Minuten sein sollten. Sie werden bemerken, dass sich ein paar Minuten schon sehr lange anfühlen können, wenn man sich nicht von außen ablenken lässt.

Ich wünsche Ihnen viel Spaß bei Ihrem »Date« mit sich selbst!

Coachingtipps von Michael Jagersbacher

10. SEIEN SIE DER MICHELANGELO IHRES LEBENS

Betrachten Sie Ihr Leben als Marmorblock, der Ihrer Bearbeitung bedarf.

- Welche überflüssigen Elemente können Sie weglassen, um zur wahren Essenz Ihres Lebensglücks vorzudringen?
- Mit welchen Menschen beschäftigen Sie sich notgedrungen, die Ihnen aber keinen Mehrwert liefern?
- Welchen Beschäftigungen gehen Sie nach, die überhaupt keinen Mehrwert liefern oder, schlimmer, mit Ihren Werten kollidieren?
- Womit verschwenden Sie Zeit, die Sie an anderer Stelle sinnvoller nutzen könnten?

Gehen Sie Ihren täglichen Tagesablauf Schritt für Schritt durch. Betrachten Sie Ihr Leben einmal aus der Perspektive eines Außenstehenden. Identifizieren Sie alle Tätigkeiten, Beschäftigungen und Ablenkungen, die Sie davon abhalten, Ihre Werte oder Ihre tatsächlichen Wünsche in die Tat umzusetzen.

Am wirkungsvollsten ist dies, wenn Sie sich einen typischen Tag in Ihrem Leben notieren. Gibt es Aspekte, die schneller von Ihnen erledigt werden könnten, die jemand anderes effizienter oder billiger erledigen kann, oder sind es vorwiegend Elemente, die gar nicht umgesetzt werden müssen? Seien Sie hier wirklich streng.

Nun notieren Sie sich Dinge, die Ihnen Spaß bereiten und die Ihnen dabei helfen, ein glückliches und erfolgreiches Leben zu führen. Wenn Sie zum Beispiel Sport als elementaren Bestandteil Ihres Lebensglücks identifizieren, dann ordnen Sie diesem Aspekt eine Woche lang alles andere unter. Also auch das dreckige Geschirr in der Spüle oder die Stunde Fernsehen am Abend. Am besten wäre es, Ihre sportliche Aktivität zu Beginn des Tages umzusetzen und alles andere nach hinten zu verschieben.

Möchten Sie zum Beispiel laufen oder in den Kraftraum, dann tun Sie dies direkt nach dem Aufstehen, noch vor dem Frühstück. Wollen Sie ein Instrument oder eine weitere Fremdsprache erlernen, dann machen Sie dies auch gleich nach dem Aufstehen. Die ab Seite 217 »Auf die innere Stimme hören«) angesprochene Meditation könnten Sie gleich im kuschelig weichen Bett absolvieren. Wenn nötig, stellen Sie den Wecker einfach eine Stunde früher.

Für alle jene, die bei dem Gedanken ans Frühaufstehen eine Gänsehaut bekommen haben: Der berühmte Schauspieler Mark Wahlberg steht jeden Tag um 2:30 Uhr (!) auf, damit er um 3:30 Uhr seine erste Krafteinheit absolvieren kann. Er priorisiert sein Training, weshalb er auch jeden Tag noch vor 20:00 Uhr gemeinsam mit seinen vier Kindern zu Bett geht.

Gut, ich gebe zu, das ist ein Extrembeispiel, wer möchte schon um 20:00 Uhr einschlafen. Doch eine Stunde früher ins Bett zu gehen, um eine Stunde früher aufwachen und bereits produktiv sein zu können, ist definitiv einen Versuch wert. Und wem eine Stunde zu viel ist, der versuche es in kleinen Schritten und fange mit 15 Minuten an. Die Zeitspanne verlängern kann man immer wieder.

Wichtig ist, dass Sie sich die Zeit für sich selbst nehmen. Selbst wenn Sie nur in Ruhe mit Ihrem Morgenkaffee auf der Couch sitzen und Ihren Gedanken nachhängen. Auch das kann sehr wertvoll für einen guten Start in den Tag sein.

11. SETZEN SIE NEUE STANDARDS

Sie selbst sind es, der die Standards im eigenen Leben festsetzt. Welche Standards haben Sie, welche streben Sie an? Sie müssen Standards in allen Bereichen Ihres Lebens etablieren, weil dies sonst andere für Sie tun. Dann halten Sie jedoch nicht mehr die Zügel in den Händen.

Sind Sie mit Ihrer Beziehung nicht glücklich? Sprechen Sie es an! Versuchen Sie, mit Ihrem Partner vollkommen ehrlich zu sein. Sollte dies nicht funktionieren, gehen Sie einfach getrennte Wege.

Sind Sie mit Ihrem Job unzufrieden? Dann versuchen Sie ihn zu lieben oder zumindest Aspekte davon. Reden Sie mit Ihren Vorgesetzten und kommunizieren Sie Ihre Anliegen offen und ehrlich. Gelingt eine Veränderung der Situation nicht, dann kündigen Sie und suchen Sie sich einen neuen Job.

Ich weiß schon, das klingt alles einfach, ist es jedoch nicht. Doch aus meiner täglichen Praxis mit Menschen weiß ich, dass es zum größten Teil nur die Angst vor der Angst ist, die uns lähmt und Entscheidungen nach hinten verschiebt. Wie Sie dies umsetzen können, habe ich bereits im sechsten Coachingtipp beschrieben.

Da werden Partnerschaften über Jahrzehnte aufrechterhalten, die keinen der beiden Partner wirklich glücklich machen. Jobs werden ausgeübt, die den Berufstätigen in keiner Form glücklich machen. Dies vielleicht sogar bis zum Lebensende.

Streben Sie für sich selbst das Maximum an, egal in welchem Bereich, und Ihr Weg wird sich fügen.

12. AUF DIE INNERE STIMME HÖREN – MEDITATION

Um das eigene Lebensglück zu maximieren, muss man sich schrittweise unabhängig machen. Dies gilt für Emotionen, Geld, Zeit und Besitz. Sie werden nicht deshalb zu einem wertvolleren Menschen, weil Sie viel Geld besitzen oder viel Eigentum angehäuft haben. Sie werden auch nicht deshalb wertvoller, weil jemand Ihnen das Gefühl gibt, wertvoll zu sein. Dazu brauchen Sie niemanden. Sie sind es bereits.

Ganz selten lässt es sich klar unterscheiden, ob ein persönlicher Wunsch von gesellschaftlichen Werten und Konventionen beeinflusst wird oder nicht. Ein klassisches Beispiel ist die Bilderbuch-Ehe samt Einfamilienhaus und Golden Retriever. Ist dies wirklich Ihre eigene Vision vom Glück oder ist es ein Klischee, das Ihnen von der Gesellschaft vorgelebt wird?

Sie müssen lernen, auf Ihre eigene innere Stimme zu hören. Dazu müssen Sie vermehrt innehalten und Ihre Gefühle erforschen. Was wie ein Dialog aus Star Wars klingt, könnte tatsächlich Ihr Leben verändern. Sie müssen innerlich zur Ruhe kommen.

Ein Weg dorthin könnte die Meditation sein. Immer wieder höre ich, dass Menschen ein völlig falsches Bild davon haben. Im Folgenden finden Sie die drei häufigsten Argumente aufgeführt, die dazu dienen, nicht mit Meditation zu beginnen.

Gegenargument 1: »Ich kann nicht nichts denken!« – Es gibt Millionen Wege, wie Sie Meditation durchführen können. Geführte Meditationen fordern Sie geradezu dazu auf, an etwas zu denken. Den Geist vollständig zu leeren, ist tatsächlich eine Kunst, die etwas Übung verlangt. Deshalb fangen Sie lieber mit etwas anderem an.

Gegenargument 2: »Ich habe keine Zeit dafür!« – Es gibt Meditationen, die Sie über den Tag verteilt anwenden können. Es ist oftmals nur das bewusste Einatmen während eines Spaziergangs, das Sie in Ihre Mitte zurückbringt. Haben Sie mehrere Minuten am Tag Zeit? Toll, dann setzen oder legen Sie sich auf die Couch und entspannen Sie. Haben Sie keine einzige Minute am Tag Zeit? Ändern Sie dies!

Gegenargument 3: »Ich brauche teures Equipment oder Bücher dazu!« – Das Einzige, was Sie wirklich brauchen, ist der Wille und die Lust, etwas Neues in Ihrem Leben auszuprobieren. Sie brauchen keine teure Matte oder statisch aufgeladene Steine, um eine Meditation durchzuführen. Sanfte Musik und ein paar tiefe Atemzüge reichen völlig aus.

Mein Tipp: Führen Sie eine Meditation nicht als notwendiges Übel durch, sondern sehen Sie sie als Belohnung. Es ist außerdem nicht anstrengend, sondern äußerst wohltuend, wenn man es zulässt.

Viele meiner Klienten schauen mittlerweile nicht mehr fern, weil sie sich lieber mit einer ausgiebigen Meditation am Abend belohnen. Viele machen dies sogar gemeinsam mit ihren Partnern, da dies eine noch intimere Zweisamkeit ermöglicht.

Jegliche Form der Meditation hilft dabei, sich auf sich selbst und die eigenen Gefühle zu konzentrieren. Man schaltet die äußere Umgebung, die dauernd auf einen einplappert, einfach ab. Bereits wenige Minuten am Tag reichen, um Klarheit zu erlangen und die eigenen Energiereserven aufzuladen.

Erinnern Sie sich, dass nur volle Gefäße sich auch ergießen können.

Ich verknüpfe hier einige angeleitete Meditationsvideos und gebe Buchtipps, damit Sie sich dem Thema professionell nähern können.

- Hoffmann, Ulrich: Mini-Meditationen. München: Gräfe & Unzer 2014
- Hoffmann, Ulrich: Meditation: Mein Übungsbuch für mehr Wohlbefinden und Gelassenheit. München: Gräfe & Unzer 2015
- Osho: Was kann ich tun? 101 einfache Methoden, um Stress und emotionale Probleme zu lindern. München: Goldmann 2002

13. MIT TRENDS BRECHEN

Hier nehme ich mich selbst als Beispiel. Ich arbeite als Kommunikationstrainer, Business-Coach und Autor. Laut gesellschaftlicher Konvention müsste ich eigentlich einen Maßanzug einer bekannten Marke anhaben. Eigentlich mehrere, denn dasselbe Outfit zu tragen, ist doch verpönt. Doch diese Meinung interessiert mich nur peripher.

Ich ziehe es vor, voller Stolz die Bandshirts meiner Lieblingsbands zu tragen. Es sind eher Heavy-Metal-Bands, und dementsprechende Logos sind auch abgebildet. Im Anschluss an verschiedene Business-Meetings, zu denen ich natürlich auch diese Art von T-Shirts trage, wurde mir oftmals mitgeteilt, dass es ungewöhnlich sei, mit solch einem Outfit teilzunehmen, es aber gar nicht groß aufgefallen sei. Ich bin einfach ein Riesenfan solcher Outfits und trage sie mit einer dementsprechenden Selbstverständlichkeit. Sie tragen mein »Ich« nach außen. Wer das nicht für richtig hält, muss nicht mit mir arbeiten. Es ist ein tolles Auswahlkriterium. Menschen, die damit nicht klarkommen, würden früher oder später auch mit mir nicht klarkommen.

Das bedeutet nicht, dass ich nicht auch gerne Anzüge trage, aber eben nur, wenn ICH es für richtig halte, nicht weil der Anlass es gebietet.

Fragen Sie sich selbst, mit welchen Konventionen Sie brechen können.

- In welchen Bereichen Ihres Lebens tanzen Sie nach der Pfeife von anderen?

Coachingtipps von Michael Jagersbacher

- Wie können Sie dem Treiben ein Ende bereiten?
- In welchen Bereichen verneinen Sie sich und Ihre Persönlichkeit?

14. MIT STRESS RICHTIG UMGEHEN

Wenn Sie ein stressiges Leben führen, fragen Sie sich, weshalb dies so ist. Seien Sie hier gnadenlos. Fragen Sie sich, ob Sie Ihre Tage nicht einfach anders strukturieren können. Zum Stress von außen kommt meistens der Stress von innen, Erwartungen anderer erfüllen zu müssen.

Der Mensch ist ein Gewohnheitstier und wird oftmals erst von außen dazu gezwungen, die eigenen Routinen zu hinterfragen. Damit dies nicht durch eine Depression oder ein Burn-out zustande kommt, sollten Sie jetzt sofort handeln.

Fragen Sie sich:

Gibt es Bereiche, die verstärkt Stress verursachen? Wenn ja, wie können Sie das ändern?

Stress entsteht in den meisten Fällen vor allem deshalb, weil Abhängigkeiten und/oder übertriebene Erwartungen vorherrschen.

BURN-OUT

Nehmen wir den Bereich Beruf. Einer meiner Bekannten ist als Führungskraft in einem weltweit sehr bekannten Unternehmen tätig. Leider schafft er es in den seltensten Fällen, »Nein« zu sagen, wenn sich eine neue Herausforderung auftut. Er übernimmt Aufgaben, für die er nicht zuständig ist und für die er eigentlich überhaupt keine Zeit hat. So hat er es geschafft, über ein Jahr lang die Arbeit von zwei Personen zu verrichten.

Leider äußerte sich dies so, dass er anschließend mehrere Monate nicht mehr aus dem Bett kam. Er litt unter einem schweren »Burn-out«. Etliche Behandlungen und Medikamente später konnte er wieder arbeiten. Damit er nicht noch einmal in solch eine Situation gelangt, sprach er offen an, was ihn bewegte und weshalb es so weit kam. Das Umfeld hatte natürlich nicht das Geringste geahnt.

Gehen Sie nicht davon aus, dass jemand aus Ihrem Umfeld weiß, wie es Ihnen geht. Das wissen die meisten Menschen nämlich selbst nicht. Äußern Sie stets Ihre Wünsche und Bedürfnisse, damit Ihr Gegenüber weiß, woran es ist.

Mein Bekannter arbeitet nun wieder in dem Ausmaß, wie es für eine Person angemessen ist.

Merken Sie sich: Sie werden nicht umso wertvoller, je mehr Positionen Sie in Ihrem Unternehmen bekleiden! Definieren Sie sich nicht ausschließlich über Ihren Job! Sie sind von Beginn an wertvoll und müssen es sich nicht erst verdienen!

BORE-OUT

Genauso gefährlich, aber weitaus weniger bekannt ist das Phänomen »Bore-out«. Dieser Begriff geht einher mit einer gähnenden Langeweile im Berufs- oder Privatleben. Stupide und sinnlose Betätigungsfelder können dazu beitragen, dass man keinen Antrieb mehr entwickelt. Die Symptome sind denen des Burn-out sehr ähnlich.

Vergessen Sie nie: Es ist Ihre Aufgabe, aus Ihrem Leben das Beste und das Spannendste herauszuholen. Es liegt in Ihrer Verantwortung, Wege zu suchen, wie Sie dies bewerkstelligen können.

Quälen Sie sich zu Ihrem Job, der Ihnen Geld für die Kreditzahlung Ihres Hauses ermöglicht? Leiden Sie darunter? Haben Sie sich schon mal gefragt, weshalb ein eigenes Haus überhaupt so wichtig ist? Was würde passieren, wenn Sie kein Haus besäßen, sondern einfach eines mieten würden und dafür nicht so einem hohen finanziellen Druck ausgesetzt wären?

Ein gesunder Egoist stellt sich diese Fragen in aller Ehrlichkeit und handelt danach. Er würde niemals seinen Selbstwert vom Besitz eines Hauses abhängig machen.

Wenn Sie an der Routine Ihres Tagesablaufs verzweifeln, fragen Sie sich einfach, wie Sie etwas mehr Pepp in den Alltag bekommen. Vielleicht kochen Sie ein Gericht, das Sie noch nie vorher gekocht haben. Vielleicht verändern Sie die Abfolge Ihrer Tagesroutine. Vielleicht singen Sie zu einem Song, während Sie sich Ihren Morgentoast zubereiten. Oder darf es einmal ein Spiegelei mit Speck sein? Tatsächlich sind es meistens die kleinen Dinge, die den Unterschied für Sie bedeuten. Welche Unterschiede sind bei Ihnen entscheidend?

Fragenblock:
- Was habe ich getan, dass mein Leben so stressbehaftet ist?
- Wie kann ich mein Leben noch stressiger gestalten? (Paradoxe Frage)
- Was habe ich getan, dass mein Leben so langweilig ist?
- Wie kann ich es noch langweiliger gestalten? (Paradoxe Frage)

AUSBLICK

Herzlichen Dank, dass Sie mir bis hierher gefolgt sind. Ich weiß, dass sich die Dinge in der Theorie oftmals leichter anhören, als diese in der Praxis dann tatsächlich sind. Umso wichtiger ist es, dass Sie wirklich am Ball bleiben und sich Dinge gönnen.

Nehmen Sie das Buch alle paar Wochen in die Hand und frischen Sie Ihre Motivation dahingehend auf, das Beste aus Ihrem Leben zu machen. Die Worte von Julien Backhaus und mir müssen in Fleisch und Blut übergehen, damit sie vollständige Wirkung entfalten können. Tägliche Praxis und ebenso regelmäßige Reflexion werden hoffentlich fortan Ihre treuen Begleiter sein.

Da Sie Ihre Glaubenssätze in den letzten Jahrzehnten aufgebaut und verfestigt haben, müssen Sie sich die Zeit geben, diese langsam wieder abzubauen. Jeder Schritt auf dem Weg zu sich selbst ist gut und wichtig. Bleiben Sie am Ball!

Da ich in der Arbeit mit meinen Klienten sehe, welches die entscheidenden Schrauben sind, an denen man drehen muss, um ein gesunder Egoist zu werden, habe ich mich dazu entschlossen, einen Onlinekurs zu entwerfen, der die wichtigsten Inhalte des Buches noch einmal aufgreift, verfeinert und rigoros fortsetzt. Sie finden ihn hier:

www.erfolg-ego.com

In jedem Fall wünsche ich Ihnen alles erdenklich Gute für Ihr Leben und vergessen Sie nie, dass es nur das eine Leben ist, das Sie zur Verfügung haben. Machen Sie was draus!

Ihr Michael Jagersbacher

LITERATURVERZEICHNIS

Ariely, Dan: *Predictably Irrational: The Hidden Forces That Shape Our Decisions.* HarperCollins 2010.

Backhaus, Julien (et. al.): *Erfolg – Was Sie von den Super-Erfolgreichen lernen können.* FBV 2018.

Backhaus, Julien (Hrsg.): ERFOLG Magazin. Backhaus Verlag.

Charlier, Siegfried: *Grundlagen der Psychologie, Soziologie und Pädagogik für Pflegeberufe.* Thieme Verlag 2001.

Eggerichs, Emerson: *Liebe & Respekt: Die Nähe, nach der sie sich sehnt – Die Anerkennung, die er sich wünscht.* Gerth Verlag 2011.

Fischer, Theo: *Wu wei – Die Sehnsucht des Tao.* Rowohlt 1992.

Grover, Tim: *Kompromisslos – Relentless.* FBV 2019.

Jones, E., Gordon, E.: Timing of self-disclosure and its effects on personal attraction. Journal of Personality and Social Psychology 24 1972, S. 358-365.

Katzenberger, Daniela: *Sei schlau, stell dich dumm.* Bastei Lübbe 2011.

Kurlov, Grigorij: *Der Weg zum Narren: Den Verstand verlieren, das Leben gewinnen.* Goldmann Verlag 2016.

Merten, Hans-Lothar: *Scheinheilig: Das Billionen-Vermögen der katholischen Kirche.* FBV 2018.

Naimy, Mikhail: *Das Buch des Mirdad.* DRP Rosenkreuz, 7. Aufl. 2011.

Osho: *Liebe, Freiheit, Alleinsein.* Goldmann Verlag 2002.

Rand, Ayn: *Die Tugend des Egoismus: Eine neue Auffassung des Eigennutzes.* TvR Medienverlag Jena, 2. Aufl. 2017.

Spreitzenbarth, Udo: *HARALD GLÖÖCKLER »Myth of an Icon«.* Joy Edition 2018.

Ware, Bronnie: *5 Dinge, die Sterbende am meisten bereuen: Einsichten, die Ihr Leben verändern werden.* Arkana 2013.

ANMERKUNGEN

1. Rand, *Die Tugend des Egoismus*, S. 6
2. Hans-Lothar Merten, *Scheinheilig: Das Billionen-Vermögen der katholischen Kirche*
3. https://www.zeit.de/2009/53/DOS-Altruismus/seite-9
4. Naimy, *Das Buch des Mirdad*, S. 80
5. Charlier, *Grundlagen der Psychologie, Soziologie und Pädagogik für Pflegeberufe*, S. 103
6. https://www.faz.net/aktuell/karriere-hochschule/buero-co/mer-heit-der-arbeitnehmer-haben-innerlich-schon-gekuendigt-15753720.html
7. ERFOLG Magazin, 01/2017
8. Grover, *Kompromisslos*, S. 26
9. ERFOLG Magazin, 01/2017
10. ERFOLG Magazin 4/2016
11. Osho, *Liebe, Freiheit, Alleinsein* 2002, S. 33
12. https://www.presseportal.de/pm/119123/3912240
13. ERFOLG Magazin 03/2018
14. Kurlov, *Der Weg zum Narren: Den Verstand verlieren, das Leben gewinnen* 2016, S. 56
15. Backhaus, *Erfolg*, S. 61
16. Backhaus, *Erfolg*, S. 62
17. Osho: *Liebe, Freiheit, Alleinsein*, S. 30
18. ERFOLG Magazin 4/2016

19 https://www.spiegel.de/netzwelt/tech/bill-gates-abschied-der-grosse-buhmann-a-561974.html
20 https://www.live-counter.com/Bill-Gates/
21 ERFOLG Magazin 4/2017
22 https://de.statista.com/themen/161/burnout-syndrom/
23 Statista Leben›Liebe & Sex: Umfrage zu geheimen Gedanken vor dem Partner nach Geschlecht in Deutschland 2015. https://de.statista.com/statistik/daten/studie/616687/umfrage/umfrage-zu-geheimen-gedanken-vor-dem-partner-nach-geschlecht-in-deutschland/
24 Osho, *Liebe, Freiheit, Alleinsein*, S. 37
25 ERFOLG Magazin, 01/2019
26 ERFOLG Magazin, 03/2019
27 ERFOLG Magazin, 01/2018
28 Merkur vom 03.02.2020, https://www.merkur.de/politik/greta-thunberg-dieter-nuhr-nach-attacke-mit-verblueffender-erklaerung-13098674.html
29 ERFOLG Magazin 4/2018
30 https://onlinelibrary.wiley.com/doi/abs/10.1111/jopy.12050
31 https://www.zeit.de/2008/27/Selbstdisziplin-27/seite-3
32 Osho, *Liebe, Freiheit, Alleinsein*, S. 252
33 https://www.allianz.com/content/dam/onemarketing/azcom/Allianz_com/migration/media/economic_research/publications/specials/de/AGWR_17_deutsch.pdf
34 Naimy, *Buch des Mirdad*, S. 84
35 Ariely, *Predictably Irrational: The Hidden Forces That Shape Our Decisions* 2010
36 https://www.esquire.com/lifestyle/sex/a9874/better-marriage-tips-0511/
37 https://www.wertesysteme.de/was-sind-werte/
38 https://www.psychologicalscience.org/news/releases/having-a-sense-of-purpose-in-life-may-add-years-to-your-life.html
39 ERFOLG Magazin 1/2017
40 https://www.dominican.edu/academics/lae/undergraduate-programs/psych/faculty/assets-gail-matthews/researchsummary2.pdf

Anmerkungen

41 Backhaus, *Erfolg*, S. 47f.
42 Backhaus, *Erfolg*, S. 49
43 Jones, E. & Gordon E., Journal of Personality and Social Psychology 24, 1972, S. 358-365

ERFOLG

Julien Backhaus, Michael Jagersbacher

Was kann man von erfolgreichen Menschen lernen? Julien Backhaus, einer der jüngsten deutschen Medienunternehmer und Verleger bewegt sich seit Jahren in der Welt der Prominenten. Bei seinen zahlreichen Gesprächen mit Spitzensportlern, Showgrößen und Superreichen hat der Jungunternehmer die Prinzipien herausgearbeitet, die nicht nur sie zu dem gemacht haben, was sie sind, sondern auch ihn auf seinem Weg zum Erfolg entscheidend geprägt haben. Zudem zeigen Julien Backhaus und Michael Jagersbacher, wie sich die Erfolgsprinzipien Schritt für Schritt auf das eigene Leben übertragen lassen und man somit von ihnen profitieren kann.

176 Seiten | Softcover | 16,99 € (D) | ISBN 978-3-95972-152-3

Was ich mit 20 Jahren gerne über Geld, Motivation, Erfolg gewusst hätte

Mario Lochner

Viele plagen sich lange Jahre im Beruf, um dann festzustellen, dass sie doch nicht das tun, was sie erfüllt und womit sie erfolgreich sind. Mario Lochner, erfolgreich mit dem Youtube-Kanal »Mission Money«, weist den Weg zur Überholspur im Leben. Im ersten Teil des Buches geht es darum, wie man seine persönliche Motivation im privaten und beruflichen Bereich findet. Im zweiten Teil gibt der Autor dem Leser die Erfolgswerkzeuge an die Hand, die er maßgeschneidert für sich anwenden kann. Im dritten Teil schließlich geht es darum, wie man mit nur wenigen Stunden pro Jahr ein finanzielles Fundament für die Rente aufbaut.

304 Seiten | Softcover | 16,99 € (D) | ISBN 978-3-95972-277-3

Anders als alle anderen

Marcel Remus

ALLES ANDERS ALS ALLE ANDEREN: Müsste man das Leben Marcel Remus auf fünf Wörter reduzieren, so käme man wohl ganz schnell zu diesen, die längst sein Mantra und gleichsam Erfolgsgeheimnis sind. Seine Karriere liest sich wie aus einem Bilderbuch: Er ist der jüngste selbstständige Luxusimmobilienmakler Europas. In nicht einmal zehn Jahren hat er den Sprung zum Shooting Star geschafft. Er verkauft auf Mallorca die exklusivsten Liegenschaften an die Schönen und Reichen, pflegt Kontakte zu VIPs wie Sir Elton John, Elizabeth Hurley und Star-DJ Robin Schulz. Doch hat er auch die Schattenseiten erlebt und weiß wie es ist, wenn man von der Hand in den Mund lebt. In diesem Buch verrät er erstmals, wie er es trotz Weltwirtschaftskrise, viel Neid und Gegenwind und mit gerade einmal 23 Jahren geschafft hat und wie das wirklich jeder schaffen kann.

208 Seiten | Hardcover | 19,99 € (D) | ISBN 978-3-95972-178-3

Die Kunst des erfolgreichen Lebens

Rainer Zitelmann

Wie lassen sich Weisheiten von großen Denkern und erfolgreichen Persönlichkeiten im Alltagsleben wirklich dazu nutzen mehr Erfolg zu haben? Bestsellerautor Rainer Zitelmann hat in *Die Kunst des erfolgreichen Lebens* über 200 Aphorismen und Zitate aus 2500 Jahren zusammengetragen und kommentiert - von Konfuzius und Laotse über Goethe bis zu Steve Jobs und Warren Buffett. Auf rund 350 Seiten befasst er sich mit Themen wie »Selbstvertrauen gewinnen«, »Entscheidungen treffen«, »Gesund denken und leben«, »Probleme meistern« und »Sorgen begrenzen«. Am Ende eines jeden Kapitels gibt er dem Leser zudem mit einem 20-Wochen-Erfolgsprogramm konkrete Handlungsanleitungen zur praktischen Umsetzung Schritt für Schritt.

352 Seiten | Hardcover | 24,99 € (D) | ISBN 978-3-95972-244-5

Die Prinzipien des Erfolgs

Ray Dalio

Seine Firma Bridgewater Associates ist der größte Hedgefonds der Welt, er selbst gehört zu den Top 50 der reichsten Menschen auf dem Planeten: Ray Dalio. Seit 40 Jahren führt er sein Unternehmen so erfolgreich, dass ihn Generationen von Nachwuchsbankern wie einen Halbgott verehren. Mit »Die Prinzipien des Erfolgs« erlaubt er erstmals einen Blick in seine sonst so hermetisch abgeriegelte Welt. Die einzigartigen Prinzipien, mithilfe derer jeder den Weg des Erfolgs einschlagen kann, und die mitunter harten Lektionen, die ihn sein einzigartiges System errichten ließen, hat Ray Dalio auf eine bisher noch nie dagewesene, unkonventionelle Weise zusammengetragen.

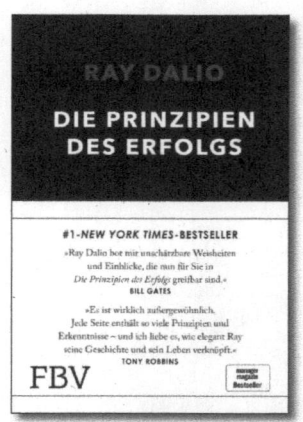

688 Seiten | Hardcover | 29,99 € (D) | ISBN 978-3-95972-123-3

Die Gesetze
der menschlichen Natur

Robert Greene

Robert Greene versteht es auf meisterhafte Weise, Weisheit und Philosophie der alten Denker für Millionen von Lesern auf der Suche nach Wissen, Macht und Selbstvervollkommnung zugänglich zu machen. In seinem neuen Buch ist er dem wichtigsten Thema überhaupt auf der Spur: Der Entschlüsselung menschlicher Antriebe und Motivationen, auch derer, die uns selbst nicht bewusst sind. Die Gesetze der menschlichen Natur bietet dem Leser einzigartige Strategien, um im professionellen und privaten Bereich eigene Ziele zu erreichen und zu verteidigen.

592 Seiten | Hardcover | 29,99 € (D) | ISBN 978-3-95972-230-8

Das AMRAP-Prinzip

Jason Khalipa

Wie so viele von uns dachte Jason Khalipa, dass er schon einiges im Leben geleistet und zahlreiche Hürden überwunden hatte: erfolgreicher Geschäftsmann, CrossFit Games World Champion und glücklicher Familienvater. Doch keine Hürde war so groß wie der persönliche Rückschlag, der folgen sollte: die Leukämieerkrankung seiner Tochter. Von diesem Moment an hatte er zwei Möglichkeiten – der überwältigenden Verzweiflung nachzugeben oder zu kämpfen. Jason entschied sich für den Kampf. Und lernte dabei mehr über Erfolg, Durchhaltevermögen und Kontrolle über das eigene Leben, als er es je für möglich gehalten hatte. In diesem Buch gibt er sein Geheimnis preis und zeigt dem Leser anhand seines AMRAP-Prinzips, wie jeder das Maximum aus sich selbst herausholen kann.

160 Seiten | Softcover | 16,99 € (D) | ISBN 978-3-95972-247-6

Game Changers

Dave Asprey

Dave Asprey, Erfinder der Bulletproof-Methode für höhere geistige Leistungsfähigkeit und mehr Energie, legt in seinem neuen Buch Antworten auf die Frage vor, wie man sich im Leben auf die Gewinnerseite katapultieren kann. In seinem Podcast Bulletproof Radio interviewte er einige der einflussreichsten Führungspersönlichkeiten wie Tim Ferriss, Dr. Daniel Amen oder Arianna Huffington, wie sie den Durchbruch auf ihrem jeweiligen Gebiet schafften. Aus der Analyse dieser über 450 Erfolgsgeschichten zog der Autor das Fazit für wichtige Fragen: Wie werde ich smarter und erhöhe meine mentale Performance? Wie gelange ich schneller ans Ziel? Wie mache ich Glück zur Basis meines Erfolgs? Diese Erfolgsstrategien bieten dem Leser direkt umsetzbare Handlungsanleitungen für den eigenen Weg an die Spitze. Game Changers ist damit die Essenz von Dave Aspreys jahrelangen Studien und enthält erstmals die 46 wissenschaftlich untermauerten Gesetze des Erfolgs.

400 Seiten | Softcover | 19,99 € (D) | ISBN 978-3-95972-202-5

Grenzenlos erfolgreich

Dr. Julian Hosp

Höher, schneller, weiter – das ist die Maxime, nach der heute gelebt wird. Doch wie kannst du angesichts der vielen Ansprüche, die an dich gestellt werden, als Mensch noch vollkommene Zufriedenheit, absolutes Glück und ultimativen Erfolg erleben? Jeder, der darüber nachdenkt, sein Leben zu verändern, weiß, dass der erste Schritt der schwierigste ist. Damit die Veränderung gelingen kann, hat Julian Hosp seine über Jahre gewonnenen Erfahrungen als Arzt, Profi-Sportler, Blockchain-Experte und Top-Unternehmer zu einem 30-Tage-Programm zusammengestellt. Indem es die Ursachen, nicht die Symptome behandelt, unterstützt dich *Grenzenlos erfolgreich* Tag für Tag dabei, alte Muster loszulassen und so den Durchbruch zu schaffen.
Dieses einzigartige Programm bringt dich in den Bereichen Beziehung, Gesundheit, Finanzen, Business und Lernen auf das übernächste Level.

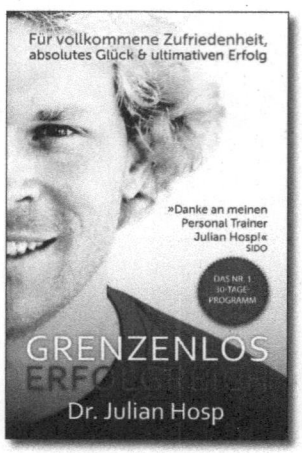

640 Seiten | Softcover | 24,99 € (D) | ISBN 978-3-95972-158-5